谨以此书献给知识产权战线的各位前辈和同仁，

以及热爱知识产权的人们。

——一场中外企业的持久战

化学攻防战

中美叔碳专利诉讼实录

杨敏锋◎著

——一幅知产精英的众生像

——一本专利诉讼的启蒙书

知识产权出版社
全国百佳图书出版单位
—北京—

图书在版编目（CIP）数据

化学攻防战：中美叔碳专利诉讼实录 / 杨敏锋著. —北京：知识产权出版社，2020.4
ISBN 978-7-5130-6778-2

Ⅰ. ①化… Ⅱ. ①杨… Ⅲ. ①专利权法—民事诉讼—案例—中国 ②专利权法—民事诉讼—案例—美国 Ⅳ. ① D923.425 ② D971.251

中国版本图书馆 CIP 数据核字（2020）第 026425 号

责任编辑： 李陵书　　**责任校对：** 潘凤越
封面设计： 研美文化　　**责任印制：** 刘译文

化学攻防战——中美叔碳专利诉讼实录
杨敏锋　著

出版发行： 知识产权出版社有限责任公司	**网　　址：** http：//www.ipph.cn
社　　址： 北京市海淀区气象路 50 号院	**邮　　编：** 100081
责编电话： 010-82000860 转 8165	**责编邮箱：** lilingshu_1985@163.com
发行电话： 010-82000860 转 8101/8102	**发行传真：** 010-82000893/82005070/82000270
印　　刷： 三河市国英印务有限公司	**经　　销：** 各大网上书店、新华书店及相关专业书店
开　　本： 720mm × 1000mm　1/16	**印　　张：** 19
版　　次： 2020 年 4 月第 1 版	**印　　次：** 2020 年 4 月第 1 次印刷
字　　数： 232 千字	**定　　价：** 58.00 元

ISBN 978-7-5130-6778-2

序言

前段时间，本书作者杨敏锋郑重提出请求，希望我能为他的新书《化学攻防战——中美叔碳专利诉讼实录》作序，本人欣然从命。

我与杨敏锋共事多年，彼此熟悉。在我眼里，杨敏锋是一位很有抱负、勇于担当、脚踏实地、埋头苦干的年轻人。多年前我与他聊天，问及有什么职业追求，他说既然进入知识产权领域，就应当努力留下自己的痕迹。我觉得他是这样说的，也是这样做的。经过多年不懈努力，杨敏锋已经小有成就，成为专利诉讼领域一个既“能打”又“能写”还“能说”的多面手。

作为一名律师，杨敏锋处理过不少复杂的知识产权诉讼案件，专利、商标和版权三大领域均有涉及。他和同事王宇明律师共同代理的“新华字典案”更是入选最高人民法院评定的“2017年中国法院10大知识产权案件”。

作为研究人员，杨敏锋发表过不少专业论文，出版了个人专著，还作为主笔人承担过十多个课题研究项目。他个人最具有代表性的论文当推《论作品独创性的数学计算模型》，该论文别出心裁地试图用数学模型来对独创性进行定量分析，颇有启迪价值。

作为知名的专利代理师资格考试培训讲师，杨敏锋擅长用深入浅出、诙谐幽默的语言向考生讲授考点背后的法理，其逐年编写的《全国专利代理师资格考试通关秘笈》深受考生欢迎。

本书是杨敏锋对其所代理的一件专利侵权诉讼案件的全程记录，记载了他对案件的介绍分析和相关思考。本案的办案团队在遇到专利疑难问题时也曾向我咨询，故我对案情也比较熟悉，深知本案的复杂性。

杨敏锋能够用浅显、形象的语言将案情全面展示在读者面前，实属不易；采用“提要”“社会背景”“事件回顾”“法庭回放”“敲黑板”“抽丝剥茧”“法律茶座”等方式层层展开、逐次分析，增加了本书的可读性。

在“敲黑板”栏目中，作者基于自己执业所积累的经验，对相关法律问题和本案双方代理人的诉讼策略进行了深入分析，毫无保留地将诉讼技巧分享给各位读者；在“抽丝剥茧”栏目中，作者对案件涉及的技术问题娓娓道来，帮助读者迅速理解技术要点；在每章后面的“法律茶座”中，作者视角独特，涉及的内容也多是法律之外。

对法官这一职业，作者从影视作品中的法官形象以及法官袍这样独特的角度，向读者揭示了中外法官职业的差异。对专利代理师职业、专利诉讼案件管辖权变迁的描述，则刻画了法律制度变迁的轨迹。通过贝叶斯定理和生活常识，对证明标准和举证责任的分配进行阐述，也显得颇有趣味。

我相信本书的出版必将成为杨敏锋职业路程中又一个坚实脚印。“老夫喜作黄昏颂，满目青山夕照明”，在此我衷心祝愿杨敏锋不忘初心、再接再厉，不断攀登其执业生涯中的新高峰。

尹新天

2019年10月9日

目录

01

知识产权，现代商战新武器

【提要】

现阶段，知识产权已经成为企业进行市场竞争的有力武器。在专利、商标和版权这“三驾马车”中，专利对技术密集型企业有着极其重要的意义。企业提起专利诉讼，往往不是“为权利而斗争”那么简单，而是企业战略的重要组成部分。本书所描述的此次专利诉讼，正是叔碳酸行业全球排名前两位的两家公司，为争夺市场份额所进行的一次全力较量。

社会背景

自2008年《国家知识产权战略纲要》颁布，知识产权战略上升为国家战略以来，知识产权（Intellectual Property，IP）逐渐成为热点词汇。有段子说，如果中美贸易谈判有两个话题，其中一个会是知识产权；如果只有一个话题，那该话题肯定就是知识产权。这个段子其实并不是空穴来风，如2018年美国挑起贸易战的重要借口就是声称中国侵犯了美国的知识产权。

随着知识产权日益重要，知识产权行业在多年之前就被称为“朝阳行业”。当然，知识产权这颗“太阳”要升到正午，达到欧美发达国家的水平，可能还需要十多年。IP从业人员目前的收入水平，恐怕也比不上IPO（Initial Public Offerings，首次公开募股）。不过我们知识产权从业者也可以自豪地说，“失去IP，IPO就只剩下‘O’”。[1]

目前，企业的知识产权已经不再是放在“阁楼上的伦勃朗”（Rembrandts In the Attic），而是变身为商战的新秘密武器。“那些过去为控制市场和原材料而展开的竞争性战争，如今已经表现为争夺新观念和新发明的排他性所有权。过去执行官惧怕的是，他们的竞争对手是否在产品数量，或者市场占有率等方面超过自己，而现在，尤其是在因特网迅猛发展的电子商务时代，他们关注的焦点转移到了如何确保核心技术，或者根本性的商业观念的专利权不受侵扰，以便自己在商界竞争中始终立于不败之地。”[2]

知识产权中最重要的“三驾马车”为专利、版权（即著作权）和商标。专利保护企业的技术优势，版权保护企业的内容优势，商标保护企业的品牌优势。[3] 在信息基础产业、软件和技术信息服务业、生物医药产业等技术密集型行业，专利无疑为企业的命脉所在。在广播影视、图书出版、计算机软件等行业，版权则是企业的安身立命之本。而商标作为连接企业和消费者之间的桥梁，对绝大部分行业都至关重要，毕竟消费者需要通过商标“认牌购物”。

本书所涉及的这次诉讼，各方当事人交锋的战场正是“三驾马车”中的专利权。专利权的本质是一种排他权，专利权人有权禁止他人未经许可实施自己的专利技术。通俗地说就是专利权人画了一个圈，他人未经允许不得进入这个圈内。虽说通往罗马的道路有万千条，但由于受自然规律制约，经济好用的道路其实数量非常有限。如果企业能在关键位置通过专利圈出一块自己的“私人领域”，那显然会在市场竞争中占据有利地位。

俗话说，有人的地方就会有江湖，有江湖的地方就有纷争。在知识经济时代，企业经常会通过专利诉讼来达成战略目的、实现经营目标。华为、高通、苹果、三星等知名公司都早已身经百战，属于专利诉讼领域当之无愧的“老司机”。企业提起专利诉讼的目标，最主要有两种：一是“要市场”，通过诉讼将竞争对手阻挡在门外；二是“要钱”，通过诉讼签订“城下之盟”，向竞争对手收取高额许可费。一些熟练运用专利诉讼战略的企业，发起专利侵权诉讼远不是“为权利而斗争”那么简单，通过诉讼获得的附带收益往往远超过获取的侵权赔偿。[4]

一些实力雄厚的跨国公司，常常会利用专利侵权诉讼来打击竞争对手，使其深陷诉讼泥潭。此外，在诉讼过程中，这些公司还往往会通过各种宣传工具进行大肆宣传，迫使竞争对手的客户不愿意或者不敢继续与之合作，遏制竞争对手的发展势头，成功地削弱对手甚至最终将其彻底消灭。

本次专利诉讼，就是围绕着“新癸酸缩水甘油酯”这种重要化学中间体的市场份额，全球最大的支链羧酸及其衍生物制造商美国迈图特种化学品公司（Momentive Specialty Chemicals Inc.）与河北四友卓越科技有限公司（简称四友公司）之间的一次全力较量。

产业背景

新癸酸缩水甘油酯（见图1.1）是一种重要的叔碳单体，可用于制备水性、光固化、粉末、高固体分或无溶剂等环保型涂料。这种新型涂料不仅可以减少挥发性有机化合物（Volatile Organic Compounds，VOCs）的排放，而且能够提高涂料的应用性能，包括涂料的耐受性、流平性、亮度和丰满度等。在涂料中加入C_{10}叔碳酸（指含有10个碳原子的叔碳酸）缩水甘油酯是新型涂料的发展方向。[5]

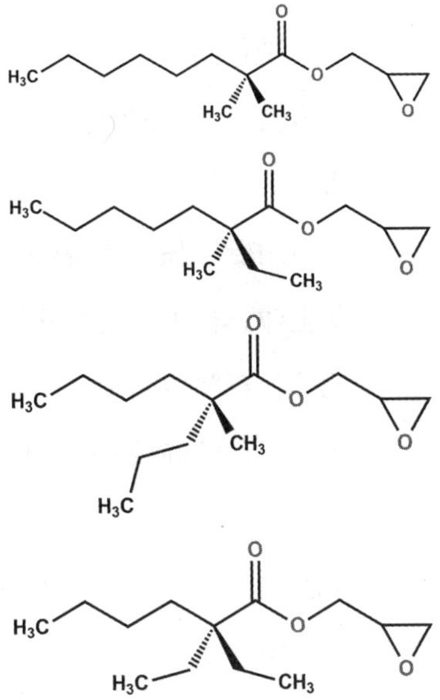

图 1.1 新癸酸缩水甘油酯的部分化学结构式（俞寿云绘）

近年来，我国乃至全球都困扰于雾霾和大气污染。雾霾天气的显著特征是可吸入颗粒物（PM2.5）超标，而PM2.5的一个主要来源就是VOCs形成的二次颗粒，故要减少雾霾和降低大气污染就必须减少VOCs的排放。据相关统计，全世界每年从油性涂料中挥发出来排放到大气中的VOCs高达1800万吨，中国达到700万吨，是大气污染的主要来源。减少涂料VOCs的排放量无疑是当务之急。因此，新癸酸缩水甘油酯产品的制备和应用对于解决我国雾霾和大气污染问题具有重要的意义。

新癸酸缩水甘油酯也是复合材料的重要原料，而复合材料使用的历史可以追溯到古代，如从古至今沿用的稻草或麦秸增强黏土以及已使用上百年的钢筋混凝土，均由两种材料复合而成。在20世纪40年代，因航空工业的需要，玻璃纤维增强塑料（俗称玻璃钢）得到广泛应用，从此正式出现了复合材料这一名称。

现代高科技的发展离不开复合材料，复合材料的研究深度和应用广度及其生产发展的速度和规模，已成为衡量一个国家科学技术先进水平的重要标志之一。使用新癸酸缩水甘油酯制成的树脂基复合材料具有耐受性强、重量轻、强度高等特点，可广泛适用于航空航天、汽车工业、化工、纺织和机械制造等领域，对减少能耗具有重要意义。此外，新癸酸缩水甘油酯也可以用于制备3D打印材料等，应用前途非常广泛，具有重大商业价值。

新癸酸、新癸酸乙烯酯和新癸酸缩水甘油酯原本是壳牌公司（Shell）化学部的著名产品，后美国阿波罗基金将其收购，建立了锐意卓越公司（Resolution），又经过一系列的并购后组建了瀚森公司（Hexion）。2010年，美国阿波罗基金将旗下的迈图高新材料集团（Momentive Performance Materials Inc.）和瀚森公司合并，成立迈图高新材料控股有限公司（Momentive Performance Materials Holdings LLC），瀚森公司由此改名为美国迈图特种化学品公司，但与迈图高新材料集团各自独立运作。2014年，迈图高新材料集团申请破产保护，但其提出的解决方案未获得法院的认可。2015年，美国迈图特种化学品公司又重新恢复瀚森公司的名称，努力摆脱迈图高新材料集团破产对公司品牌价值的损害。[6]

在叔碳单体领域，壳牌公司化学部到后来的美国迈图特种化学品公司一直处于垄断地位。四友公司的叔碳酸系列产品投入市场后，打破了市场垄断，广受用户欢迎，对其市场份额产生严重威胁。美国迈图特种化学品公司完全继承了壳牌公司化学部的衣钵，拥有深厚的专利储备，于是顺理成章地举起专利这个“大杀器”向四友公司袭来。

法律茶座：专利概述[7]

专利（Patent）是政府机关或者代表若干国家的区域性组织根据申请人的申请而颁发的一种文件，该文件记载了发明创造的内容。在专利的保护期内，他人一般情况下只有经专利权人的许可才能实施该发明创造。[8] 在中国，专利分为发明专利、实用新型专利和外观设计专利三种类型。

发明专利和实用新型专利保护的都是“技术”，不同之处在于发明专利既保护“产品”也保护“方法”，而实用新型专利只保护“产品”，并且该产品需要具备固定的形状和构造。粉末状、液态、气态的产品由于缺乏固定的形状，不能通过实用新型专利来保护。实用新型专利制度的出现，是为了保护那些以实用为目的、创造性高度又达不到发明专利保护要求的小发明创造。

专利的保护有期限限制，其中发明专利的保护期为申请日起20年，实用新型专利和外观设计专利的保护期则只有10年。目前我国正在进行《专利法》第4次修改，外观设计的保护期将延长至15年。专利的保护期从申请日起算意味着专利审查耗费的时间越长，则权利人实际上获得的保护期越短。

在日本，外国申请人的一些重要专利经历了极为漫长的审查过程才获得授权。如美国德州仪器公司的半导体专利审查耗费了30年时间，美国梅苏克斯公司的红外传感技术专利审查则耗费了近20年。在后一个案例中，日本不断利用异议程序，要求梅苏克斯公司详尽披露该技术的主要内容，然后由一家日本公司模仿该技术申请大量改进专利，并抢先获得授权。在这一系列的操作下，梅苏克斯公司无奈地失去了日本市场的独占权。[9]

专利具有地域性。申请人如想在中国和美国同时获得专利保护，那就需要在两国都进行专利申请，中国和美国也会各自对专利进行独立审查。同样的发明创造，在美国获得授权，并不意味着在中国也能获得授权，反之亦然。

专利制度是保护创新的制度，获得专利权的发明和实用新型，需要具备新颖性、创造性和实用性。所谓新颖性指的就是这个世界上没有，也就是中国和外国都没有。如果相关技术方案在书籍上有记载，或者产品在市场上有销售，那显然就不符合新颖性的要求。创造性也叫“非显而易见性”，要求该发明创造除以前没有之外，还需要具备一定的“技术含量”。实用性指的是该发明创造在实际产业中能够使用，并且产生积极的效果。专利属于工业产权，要求能够在产业上使用也理所当然。

在实践中，一些缺乏实用性的专利申请往往显得有点“奇葩”。如第201710125627.3号“煽除雾霾方案”发明专利申请，试图通过用人工扇风的方法消除雾霾（见图1.2）。申请人认为，发动1500万人在相同的时间内向相同的方向煽动除霾扇，建立起强大的风压，足够将首都刚刚形成的轻度雾霾移出北京城，并避免重度雾霾发生。

图 1.2 “煽除雾霾方案”发明专利申请摘要附图

专利是一种通过公开来换取保护的制度，专利的内容需要通过专利文件向社会公开。一份完整的专利文件，分为请求书、权利要求书和说明书三部分，其中最重要的就是权利要求书和说明书。权利要求书用来划定专利保护的范围，确定边界；说明书则用于公开发明创造的内容。专利制度可以看作专利申请人和社会所签订的一项契约，申请人以公开自己的发明创造为代价换取法律对该发明创造的保护。

权利要求写得越详细，包含的技术特征越多，保护范围就越小。一些很有价值的发明创造，就因为权利要求撰写不当，最终导致专利得不到充分的保护。如在“共享单车专利侵权第一案”中，涉案专利为第200710150557.3号“非机动车停/取/租/还管理系统及其控制与识别方法”发明专利，该专利的独立权利要求有近800字，保护范围显然过于狭窄；专利保护的客体仅有管理系统，未将带有车辆编码信息的非机动车作为单独的客体进行保护；权利要求没有必要地限定“通信监测与控制单元安置于带有电控锁的车位停车装置上”，放弃了将目前流行的共享单车模式纳入专利保护范围的可能性；该管理系统包括了“停”“取”“租”“还”四种模式，但“停”和“取”涉及用户自有车辆，“租”和“还”涉及他人提供的车辆，没有行为人会同时施行前述四个行为；该管理系统在还车时采用“闭锁—识别—开锁/继续闭锁”的模式，没有考虑更为简洁的“识别—闭锁”模式等。因权利要求中存在的众多问题，专利权人在提起专利侵权诉讼时遭遇败诉。[10]

一件发明或实用新型专利中往往存在多个权利要求，其中保护范围最宽的为独立权利要求，其编号为1。独立权利要求之后的权利要求为从属权利要求，从属权利要求用附加技术特征对引用的权利要求进行进一步限定，保护范围小于独立权利要求。如果把“杯子”视为独立权利要求，则用附加技术特征“玻璃”“高脚”“带花纹”等进一步限定而成的“玻璃杯子”“高脚杯子”“带花纹的杯子”“高脚玻璃杯子”“带花纹的玻璃杯子”“高脚带花纹的杯子”以及“高脚带花纹的玻璃杯子”就属于从属权利要求，其保护范围要比独立权利要求狭窄。这也好比是俄罗斯套娃（见图1.3），随着技术特征数量的增加，其保护范围随之不断缩小。从属权利要求的存在，就是为权利人建立多重防线。如果独立权利要求因为新颖性、创造性等问题被无效，也可以通过从属权利要求建立新的防线。

图 1.3 俄罗斯套娃（图片来源：Ingram/ 图虫创意）

专利授权后，权利人就拥有了禁止他人使用自己专利技术的权利，比如说制造、使用、销售、进口专利产品等。不过，这并不意味着专利权人就肯定有权使用该专利技术。如果乙公司对甲公司的专利进行改进，并且改进后的技术方案获得专利授权，那甲公司要实施自己的专利就有可能会侵犯乙公司的权利。甲公司专利的保护范围好比是一个馅饼，而乙公司的专利则是这个馅饼中最精华的肉馅部分。由于该肉馅同时处于甲公司专利和乙公司专利的保护范围之内，故甲公司使用会侵犯乙公司的专利，反之亦然。在这种情况下，比较好的方式就是双方进行专利交叉许可。至于是否需要交许可费，则和双方的实力、谈判能力、彼此专利的重要性等一系列因素相关。

有人可能会觉得获得了专利授权也不一定能够使用，那申请专利并无意义。但企业如果没有相应的专利储备，就没有机会和别人讨价还价。专利好比是大桥两边的栏杆，栏杆在的时候，大家都不觉得它有什么重要，但是一旦栏杆被拆除，恐怕很多人都不敢过桥。商场如战场，专利储备就是企业的武装力量。

专利在授权之后并非不可置疑，社会公众可以通过撤销或者无效程序使其失去法律效力或者缩小保护范围。在专利的审查程序中，由于专利申请数量众多，审查员在每个专利上花费的时间和精力有限。如2018年我国发明专利申请量高达154.2万件，专利审查员的工作压力巨大，在一件发明专利上平均花费的时间只有2天。为此，只能说审查员完成了初步筛选、划定范围的工作。如果该范围存在什么问题，自然会有竞争对手站出来挑战该专利的效力。

虽然世界上每年申请获得授权的专利数量很多，但是实际上具备很高经济价值的专利只占其中一小部分。如果在每个专利申请上都花费大量的时间进行处理，精确地确定其保护范围，实际上并不经济。因此，事前通过审查程序进行初步筛选，事后再通过无效程序重新确定部分高价值专利的边界，更符合效率原则。

注释

1.王虎："失去IP，IPO就只剩下'O'"，载《中国知识产权报》2019年1月30日第7版。

2.[美]凯文·G. 里韦特、戴维·克兰：《尘封的商业宝藏 启用商战新的秘密武器：专利权》，陈彬、杨时超译，中信出版社2002年版，第3~4页。

3.[英]克里斯多佛·派克：《暗战：无形垄断再造企业优势》，彭智、任心慧译，中国铁道出版社、万卷出版公司2006年版，第2页。

4.曹勇、黄颖："企业专利诉讼模式与专利战略关联性研究"，载《中国科技论坛》2011年第8期，第67~72页。

5.肖英、黄超明、李毅："C_{10}叔碳酸缩水甘油酯的应用概况"，载《广州化工》2017年第21期，第13~16页。

6.魏仁华："迈图特种化学品恢复瀚森公司名称"，载《涂料技术与文摘》2015年第1期，第2页。

7.本节的部分内容来自中国国家知识产权局、世界知识产权组织：《青少年知识产权问答》，知识产权出版社2019年版，第18~30页。

8.国家知识产权局条法司：《新专利法详解》，知识产权出版社2001年版，第2页。

9.林婧弘："美国、日本实施专利战略的经验及启示"，载《知识产权》2009年第6期，第38~41页。

10.参见上海知识产权法院（2016）沪73民初33号民事判决书；上海市高级人民法院（2016）沪民终512号民事判决书。

02

诉讼阴影，山雨欲来风满楼

【提要】

经过多年的发展，四友公司开始在叔碳酸系列产品领域崭露头角，成功地引起了业内巨头美国迈图特种化学品公司的注意。美国迈图特种化学品公司为遏制四友公司的发展，祭出专利诉讼这个“大杀器”，其旗下子公司荷兰解决方案研究有限公司（简称解决方案公司）以自己的一项方法发明专利为权利基础，和迈图化工企业管理（上海）有限公司（简称迈图公司）作为原告，向四友公司提起专利侵权诉讼。在本次诉讼中，原告还申请证据保全，试图一举获取四友公司的生产工艺。此外，迈图公司还申请宣告天津市四友精细化学品有限公司（简称天津四友公司）的某项专利权无效。在严峻的形势下，四友公司经人推荐，选择北京市万慧达律师事务所（简称万慧达律所）代理本案，全力应对此次专利战争。

事件回顾

2018年12月22日，中央电视台。当四友公司董事长孙兰波作为2018中国创业榜样，举起手中奖杯时（见图2.1），他不由得回忆起二十多年艰辛的创业历程，以及那场从2011年开始的事关企业生死存亡的专利诉讼之战。

孙兰波出生于一个红色家庭，其父孙光瑞是一位具有传奇色彩的老红军和抗日英雄。在父亲的言传身教下，孙兰波自小就有为国家和人民做些事情的志向。长大后，他以优异的成绩先后在北京医学院药学系（现北京大学药学院）和北京协和医学院（现清华大学医学部）获得理学学士和医学硕士学位。

图 2.1 工信部副部长王江平（左）为孙兰波（右）颁奖（图片来源：四友公司）

在研究生时期，孙兰波读了一本《福特传》，明白了科技强国、工业富国的道理，立下了产业报国的志向。1992年，邓小平同志发表南方谈话，鼓励年轻知识分子下海创业。孙兰波响应号召，毅然辞去中国医学科学院助理研究员的公职，创建天津四友公司。

下海之初，由于缺少资金，孙兰波就

自己配置一些餐饮洗涤剂，骑着三轮车到各个餐厅推销，历经艰辛，终于生存下来。在有了一定的资金后，他就开始搞研发和生产，开发出色谱纯乙腈、无吡啶卡尔费休试剂等多个系列高纯试剂产品，填补了国内空白，完成了资本的原始积累。

20世纪90年代中期，天津四友公司成功开发了阿莫西林的关键中间体——特戊酰氯的生产新工艺，建成了年产千吨级的生产装置，填补了国家技术空白，大幅降低了阿莫西林的生产成本。在特戊酰氯的生产工艺中，需要先合成叔碳酸，再进行氯化反应，故天津四友公司也掌握了生产叔碳酸的关键技术。

孙兰波在研究特戊酰氯时，了解到叔碳酸及其衍生物在涂料领域具有非常广泛的用途。为此，他开始与涂料界专业人士频繁接触，积极参加涂料领域的重要会议。1999年春，在上海的一次会议中，他偶然听到国家石化局科技办江磐女士的讲话，其中提到叔碳酸项目搞了几十年还未成功。于是，孙兰波在会议间隙画了叔碳酸结构式向江磐请教："您说的叔碳酸是这个结构吗？"江磐仔细地看了看结构式，回答说："是。"当时孙兰波非常激动，告诉她："叔碳酸，我们做成了！"

此后，江磐亲自组织专家，对孙兰波公司的叔碳酸生产装置进行了考察，确认天津四友公司已经掌握了生产叔碳酸的关键技术，并向科技部和国家石化局推荐由该公司承担"合成叔碳酸工业性实验"和"300吨/年叔碳酸缩水甘油酯合成工业性实验"这两个"九五"重点攻关项目。天津四友公司抓住机遇，不但完成了叔碳酸合成的研究，建立了工业化装置，而且完成了叔碳酸乙烯酯、叔碳酸缩水甘油酯、叔碳乳液、叔碳漆、叔碳金属皂等一系列产品的开发，形成了初步的叔碳产品链。叔碳酸和叔碳单体项目后经科技部和国家石化局鉴定验收，认为达到填补国内空白、国际先进的高水平，成为国家"九五"

重点科技攻关成果，叔碳酸则被认定为国家级重点新产品。

2005年，天津四友公司投资兴建四友公司（即河北四友卓越科技有限公司），用于实现叔碳酸、叔碳酸乙烯酯和叔碳酸缩水甘油酯这些“九五”成果的大规模产业化。这样，四友公司具备了年产万吨级叔碳酸、叔碳酸乙烯酯和叔碳酸缩水甘油酯的生产能力，产品品质达到国际先进标准，成为中国唯一的叔碳单体生产供应商，打破了国外对该产品几十年的垄断。

四友公司在叔碳单体领域的迅猛发展，严重威胁到美国迈图特种化学品公司的市场地位。美国迈图特种化学品公司于2011年9月9日在中国提起专利诉讼，试图削弱四友公司的市场竞争优势，甚至将四友公司逐出市场。

事件回顾

在本次专利诉讼中，美国迈图特种化学品公司选择第ZL99811327.1号“制备支链羧酸的缩水甘油酯的方法”发明专利作为权利基础，旗下子公司解决方案公司和迈图公司为原告。其中，解决方案公司为该专利的权利人，而迈图公司为该专利的普通许可被许可人。值得注意的是，该专利普通许可合同的签订时间是2011年5月12日，可能是专门为本次诉讼而签订。涉案专利的权利要求1如下。

1.生产α－支链的一元羧酸的缩水甘油酯的方法，该方法包括：

A.将摩尔比为1：2~20的α－支链的一元羧酸与卤素取代的单环氧化物反应，反应在水和可与水混溶的溶剂存在下、

在含量最多为一元羧酸摩尔量的45mol%的催化剂的存在下在30~110℃下进行0.5~2.5h，

B.加入另外的碱金属氢氧化物或碱金属醇盐直至步骤A和B中加入的碱金属氢氧化物或碱金属醇盐的总量与一元羧酸基团的摩尔比达到0.9：1至1.2：1，然后在0~80℃下反应，

C.将得到的反应混合物蒸馏除去过量卤素取代的单环氧化物和溶剂以及形成的水，然后

D.在选择性地将残余物用浓的碱金属氢氧化物水溶液或碱金属醇盐溶液处理以完成脱卤化氢后，通过用水洗涤所得到的缩水甘油酯以除去碱金属卤化物盐。

敲黑板

专利可以分为产品专利和方法专利两种，产品专利的保护范围远大于方法专利。如果解决方案公司对“支链羧酸的缩水甘油酯”这种产品本身拥有专利，则不管他人通过何种工艺生产该缩水甘油酯，都会构成侵犯专利权。不过，支链羧酸的缩水甘油酯是一种早已存在的产品，解决方案公司的贡献是提供一种新的生产工艺，故只能就此获得一项方法专利。涉及方法专利的侵权案件，关键点是要证明侵权人的生产方法落入专利的保护范围。不过，企业的生产工艺都保存在企业内部，生产场所不会允许他人随便出入，权利人取证极为困难。这也正是方法专利侵权案件权利人不易胜诉的难点所在。

事件回顾

为赢得此次诉讼，解决方案公司和迈图公司[1]从2010年就开始进行准备，经过大量的联系、面试和筛选，最终确定由老牌知识产权代理机构北京银龙知识产权代理有限公司（简称银龙知识产权）代理此次专利诉讼。迈图公司选定苏州市中级人民法院作为本案审理法院，为满足诉讼管辖的要求，特意挑选必博科技（苏州工业园区）公司（简称必博公司）作为本案第二被告。经过长期的准备，到2011年9月，起诉前的相关工作均已顺利完成，万事俱备。

2011年9月9日，迈图公司的代理人签署起诉状，正式提起诉讼。9月27日，苏州市中级人民法院正式受理本案。

迈图公司的起诉状显然经过精心准备，洋洋洒洒地写了23页。证据则有37份，共计360多页（迈图公司在起诉时提交了34份证据，后在第一次证据交换时又补充了3份证据）。本案起诉状所主张的具体诉讼请求如下。

1.判定四友公司生产的α-支链的一元羧酸的缩水甘油酯，特别是新癸酸缩水甘油酯（商品名称Shigena-10）[2]的行为侵犯了解决方案公司涉案专利的一项或多项权利要求；

2.判令四友公司立即停止以下侵权行为，即

（1）停止依照解决方案公司涉案专利方法生产侵权产品：α-支链的一元羧酸的缩水甘油酯，特别是新癸酸缩水甘油酯Shigena-10；

（2）停止使用、许诺销售、销售依照该专利方法直接获得的侵权产品，特别是Shigena-10；

（3）召回已出售的侵权产品，特别是Shigena-10；

（4）销毁库存的侵权产品，特别是Shigena-10；

（5）销毁并删除与侵权产品，特别是Shigena-10相关的文字宣传资料和网页宣传资料；

3.判令必博公司立即停止侵权行为，即停止销售或使用侵权产品Shigena-10；

4.判令四友公司赔偿解决方案公司与迈图公司经济损失人民币1120万元；

5.判令四友公司赔偿解决方案公司与迈图公司截至起诉前已为本案支出的合理费用，包括律师费、购买样品费、公证费、检测费及调查取证费等，共计人民币98.32万元；

6.必博公司赔偿解决方案公司与迈图公司截至起诉前已为本案支出的合理费用，包括购买样品费用人民币1.68万元；

7.判定四友公司承担主要侵权责任，并承担本案全部诉讼费用。

敲黑板

在专利侵权诉讼中，原告要求被告停止侵权和赔偿损失属于常规诉求，不过要求召回已经销售的产品则有些强人所难，《专利法》和其他相关法律中也没有规定侵权人还需要承担此义务。在知识产权领域，由于立法有些滞后，无法对层出不穷的新问题及时作出回应，而法官却不能因为缺乏法律规定而拒绝审判，故部分法院会利用民法或其他法律的原则条款扩充知识产权的保护范围。[3]

对学者来说，法院的“造法”行为需要批判；对代理律师来说，这种“造法”行为也在鼓励当事人“不走寻常路”。代理律师在起诉时经常会尝试性地提出一些不容易获得法律支持的诉求，一方面可以作为和被告“讨价还价”的手段；另一方面万一能被法院采纳，无疑就属于诉讼中的“亮点”，甚至还有机会成为“典型案例”，这也是代理律师的一种诉讼策略。

如在笔者本人作为原告起诉智慧芽公司著作权侵权及不正当竞争纠纷中，笔者就主张自己在诉讼中花费的时间应该参照律师的小时费率，作为合理费用的一部分，由被告进行赔偿。可惜的是，这个观点并没有获得一审判决的支持。[4] 目前该案正在二审过程中，由于智慧芽公司提起上诉，笔者在慎重考虑后并未上诉，而司法遵循“不告不理”的原则，故二审法院也不会对该问题作出评判。这个问题恐怕要在其他案件中才能获得解答。

事件回顾

迈图公司在提起诉讼的同时，还向法院提交了《证据保全申请书》，请求法院依法对四友公司进行证据保全，理由是证据可能灭失或者以后难以取得，且原告及其诉讼代理人因客观原因不能自行收集证据。迈图公司在《证据保全申请书》中请求保全的事项如下。

请求一：法院依法对四友公司侵犯涉案专利方法的证据

进行保全。

可能收集到的证据和采集证据的形式包括但不限于：

（1）以各种形式存在的α-支链的一元羧酸的缩水甘油酯［含新癸酸缩水甘油酯（Shigena-10）］的生产工艺和方法，包括原料、产品、生产及工艺条件设备等的记录。

（2）现场取样。

（3）询问经授权的工厂生产负责人。

……

请求二：法院依法对四友公司因侵犯专利方法所获得的非法经济利益的证据进行保全。

可能收集到的证据包括但不限于：

（1）与α-支链的一元羧酸的缩水甘油酯［含新癸酸缩水甘油酯（Shigena-10）］生产相关的原材料采购、入库、生产领料、成品完工入库、库存商品销售记录以及涉及销售获利的财务记录。

（2）有关侵权产品Shigena-10的销售清单，包括侵权产品的销售量和侵权产品购买者的情况。

请求三：请求法院视需要委托鉴定机构和审定机构分别对上述获得的侵权证据和财务记录进行鉴定和审计。

为避免证据保全存在遗漏，迈图公司还向法院提供了一份4页的《证据保全核对事项表》，事无巨细地记载了保全证据的各个细节。同时，迈图公司表示，该公司的两位代表以及诉讼代理人都可协助法院进行上述侵权证据的保全，并承诺如果涉及四友公司的商业秘密，该公司代表和诉讼代理人会予以回避。此外，如因申请错误导致四友公司遭受不应有的损失，将负责赔偿。

苏州市中级人民法院在受理本案后，于2011年11月2日上午就本案的证据保全事项和迈图公司代理人进行谈话，对证据保全请求中的事项予以明确。2011年11月15日，苏州市中级人民法院作出裁定，裁定书主文如下。[5]

> 1.对被申请人四友公司生产被控侵权产品“新癸酸缩水甘油酯（Shigena-10）”的生产工艺流程所涉相关操作流程记录、工艺操作手册、生产设备技术资料予以证据保全。
>
> 2.对被申请人四友公司所生产的被控侵权产品“新癸酸缩水甘油酯（Shigena-10）”的成品予以证据保全。
>
> 3.对被申请人四友公司所生产的被控侵权产品“新癸酸缩水甘油酯（Shigena-10）”的原料样品（包括新癸酸、环氧氯丙烷、异丙醇、氢氧化钠等碱金属氢氧化合物）予以证据保全。
>
> 4.对被申请人四友公司所生产的被控侵权产品“新癸酸缩水甘油酯（Shigena-10）”的生产循环物料、废水予以证据保全。

2011年11月24日，苏州市中级人民法院法官、迈图公司代理人等一行人来到四友公司所在地——河北省霸州市杨芬港镇，向四友公司送达诉讼文书，并进行证据保全。该证据保全中涉及的内容囊括了四友公司新癸酸缩水甘油酯生产工艺中的全部细节，如果落入他人手中，那么这一国家“九五”重点科技攻关成果、国家级重点新产品的技术秘密恐怕将荡然无存，四友公司也将面临一场灭顶之灾。

好在天无绝人之路，进行保全之日，四友公司董事长孙兰波出差在外，工厂也因河北省限电而并未进行生产，保管材料的负责人也并不在厂内，故此次证据保全最终未能进行。四友公司暂时躲过一劫。

迈图公司在提起专利侵权诉讼的同时，还于2011年12月1日，针对天津四友公司拥有的第200710056829号“叔碳酸缩水甘油酯的制备方法”专利，向国家知识产权局专利复审委员会[6]提出无效宣告请求。四友公司两面受敌，处境险恶。

事件回顾

法院进行证据保全之日，四友公司董事长孙兰波正在上海参加国际涂料展。他刚和两位来自欧洲的客户在会场的一个咖啡厅坐下，就接到了公司杨副总经理打过来的电话，获知了此次证据保全的情况。迈图公司的突然袭击令孙兰波极为震惊，但他还是平静地与这两位客户完成了商务洽谈，并与多家国外厂商进行洽谈后，才急忙乘当晚的航班赶回天津。清者自清，孙兰波并不害怕迈图公司提起的专利侵权诉讼，但他清楚地知道，风雨已至。项庄舞剑，意在沛公。四友公司面临着严峻的生存危机。

孙兰波回到天津，连夜研究迈图公司的起诉状及证据材料后，不禁眉头紧锁，感觉到沉重的压力。作为叔碳产品领域的技术专家，孙兰波在理解涉案专利的技术方案上并不存在困难。他看完涉案专利要求保护的技术方案和起诉状中原告的侵权判定依据后，确信自己公司并没有侵犯涉案专利。不过他也清楚地知道，专利诉讼属于复杂疑难案件，一着不慎就可能满盘皆输。近年来，国外企业起诉中国企业侵犯专利权的案件，绝大部分都取得胜诉，鲜有败绩。四友公司已经被推到悬崖边上，绝不能走错一步。

打官司需要找一个好的律师团队，但当时孙兰波连一名知识产权律师都不认识，根本不知如何着手。他研究了一晚上案卷，在天快亮时坐在椅子上就睡着了。在睡梦中，往日的一幅情景浮现在孙兰波脑海中：在一次聚会上，有人在问一位端庄优雅的女士："荣姐，您现在干啥呢？"那位女士回答说，律师。孙兰波一下子惊醒了，意识到梦境是一个月前他们邻居聚会的情形，而那位女士是他原来所住大院的隔壁老邻居廖晓荣。此时天已大亮，孙兰波立即给荣姐打电话，接通后他第一句话就是："荣姐，您是知识产权律师吗？"那边荣姐有点吃惊："是呀，您怎么知道？"

当天上午，孙兰波就带着所有的案卷和荣姐见面。由于年龄上的差异，以及荣姐很久前就结婚搬离了大院，孙兰波不知道荣姐实际上是天津市第一批知识产权律师，具有丰富的执业经验。不过数年前，荣姐因为身体原因已经不再代理诉讼案件，故无法代理四友公司参加这次诉讼。

荣姐和她爱人了解案件的前因后果后，坚定地对孙兰波说："我们会全力以赴帮助你打赢这场诉讼！"在后来的近六年时间里，荣姐以法律顾问的身份，分文不取地参与了全部的诉讼程序，出席了几乎所有的开庭和听证。每次开庭，庭下迈图公司一方座位上人员济济，而四友公司一方总坐着两个人，其中一位是端庄优雅的女士，她静静地聆听着庭审，观察着双方的唇枪舌剑，成了一道风景线。

荣姐当时建议孙兰波，此类复杂的专利案件，一定要聘请一流的专利代理人和律师代理。我国专利代理机构和代理人的分布极不均衡，大部分都在一线城市。截至2011年11月底，全国大概有7000多名专利代理人，其中3000多人都在北京，去北京寻找比较合适。另外，代理本案的律师和专利代理人最好具有化学背景，否则看不懂本案所涉及的技术方案。

经荣姐推荐，孙兰波聘请万慧达律所代理本案。[7] 万慧达律所指派专利代理人杨颖和律师杨敏锋（笔者本人）代理本次民事侵权案。专利无效案则主要由杨颖代理。在一般的“专利代理人+律师”组合中，专利代理人负责技术方面，而律师偏重于法律方面。不过本案笔者一方的代理人都具有化学背景，也均通过了司法考试，故案件技术问题和法律问题都可以一起商量。

本案为重点案件，因此万慧达律所还组建了包括众多资深律师和专家在内的技术支持团队。因为团队中有三位姓杨的专利代理人/律师，即杨颖、杨凤全和杨敏锋，故也被戏称为“三阳开泰”组合。

孙兰波是一个富有家国情怀的企业家，他和万慧达律所律师沟通时明确表示，四友公司并没有侵犯迈图公司的专利权，如果交出产品生产工艺，赢得诉讼并无问题。不过将技术秘密拱手交给外国企业，那即使胜诉也会变得毫无意义。更重要的是，本案事关中国企业的尊严，要打出输赢，绝不和解。

事件回顾

随着诉讼启动，迈图公司通过媒体发动宣传攻势，宣称四友公司侵犯其专利权。一时之间，黑云压城城欲摧。很多国外客户或相信迈图公司的宣传，或怕惹上麻烦，开始取消采购订单。四友公司不仅面临诉讼危机，更面临严峻的生存危机。

四友公司迅速在公司网站上以中英文发出公告，以安客户之心，内容大致如下：

> 四友公司在完成国家“九五”重点科技攻关项目的基础上，独立开发出生产叔碳酸Shina®、叔碳酸缩水甘油酯

Shigena®和叔碳酸乙烯酯Shivena®的生产方法，从未侵犯迈图公司生产Cardura™E10P和其他相关产品的专利。本公司将采用一切可能的途径来对迈图公司的指控进行抗辩，捍卫公司的声誉和市场地位。

本公司在这里郑重声明，我们的生产方法是独特的，而且技术水平优于已知的工艺方法。本公司认为，此次迈图公司对我公司专利侵权诉讼的一个目的是迫使我们公布我们的技术，更有甚者是要将我们排斥出市场之外，重新获得其在该市场的垄断地位。

四友公司向客户保证，我们决不会将我们的客户牵涉到本案中，并且一如既往为客户提供优质的产品和服务。我们也欢迎所有第三方的意见，请不吝赐教。

法律茶座：专利代理师

俗话说，专业的事情找专业的人办。专利的申请、复审、无效请求、诉讼等业务都是复杂的专业活动，需专业人员办理，从事此类业务的专业人员就是专利代理人。2019年3月1日，新修订的《专利代理条例》正式生效，“专利代理人”改名为“专利代理师”。从此，专利代理“人”和教师、律师、医师、药师、厨师、技师一样，变成了“师”，再不是以前的“阿呆（代）”。[8]

专利是对技术的保护，故专利代理行业同时与技术和法律相关。不过，在2015年7月29日颁布的《中华人民共和国职业分类大典》中，包括“专利代理人员”在内的“知识产权专业人员”都被划入

“经济和金融专业人员”这一类别中。这可能意味着政府更重视知识产权在经济发展中的作用。这个分类也让整个知识产权行业显得“高端大气上档次”。当然，如果能将其转化为实惠，让广大从业人员的钱包鼓起来就更好了。

在《专利代理条例》的修订过程中，专利代理人是否可以从事专利诉讼，成为专利代理行业和律师行业争执的焦点。不少律师认为专利代理人不能从事诉讼业务，理由是根据《律师法》，没有取得律师执业证的人员，不得从事有偿的诉讼代理业务，除非法律另有规定。《专利代理条例》在修订过程中，对该问题的规定也经历了好几次变化。《专利代理条例》颁布于1991年，当时并未涉及专利诉讼方面的内容，2011年公布的《专利代理条例修订草案（送审稿）》则明确规定专利代理人可以从事专利诉讼；2013年《专利代理条例修订草案（征求意见稿）》调整了表述，强调专利代理人可以“依法参与专利有关的诉讼”；[9] 2018年修订通过的《专利代理条例》则完全没有涉及专利诉讼的问题。

在实践中，专利代理人在2013年以前一直可以从事专利诉讼业务。不过2012年《民事诉讼法》修改时，为规范法律服务市场，严格限制“黑代理”的生存空间，删除了“经法院许可的其他公民”可以作为诉讼代理人的规定。此时，专利代理人的诉讼资格就变得有些尴尬。2012年《民事诉讼法》中保留了“有关社会团体推荐的公民”可以作为诉讼代理人的规定，但该法中的“社会团体”指的是非营利性组织，其推荐的代理人在代理案件时不能收费。专利代理人要靠代理专利案件养家糊口，必然会收费，故适用该条款显得名不正言不顺。

为此，最高人民法院专门发出通知，规定2012年的《民事诉讼法》施行后，专利代理人经中华全国专利代理人协会（简称专利代理人协会）推荐，可以公民身份在专利案件中担任诉讼代理人。此外，2014年颁布的《民事诉讼法解释》和2017年颁布的《行政诉讼法解释》，都明确规定专利代理人经过协会推荐，可以担任专利诉讼案件的代理人。

综上所述，如果要问专利代理人是否可以从事专利诉讼业务，答案是需要辩证地看待这个问题，可以，但不是所有人都可以。2018年7月，专利代理人协会公布的诉讼专利代理人名单共有2282人，占当时全部执业专利代理人18207人的12.53%。需要强调的是，不在该名单内的专利代理人，也可以通过个案推荐的方式，在专利诉讼案件中出庭，故实际比例不止12.53%。

2019年6月21日，专利代理人协会公布了2019年第一期诉讼代理人名单，其人数为2444人，增加162人。不过2019年3月1日新《专利代理条例》施行后，专利代理师不再颁发执业证，协会网站上也不再每月公布代理人执业证发放信息，故没法计算诉讼代理人所占的比例。顺便需要说明的是，虽然专利代理人从2019年3月1日起已经改名为“专利代理师”，但专利代理人协会因为种种原因，尚未完成名称程序变更，故还未能及时改为“专利代理师协会”。

在法庭上，专利代理师和律师的权利义务相同。不过在进入法庭的“路上”，存在一个细微的差别。当事人在进入法院审判区之前，惯例要进行安检。多年之前，律师同样需要安检，后经过长期争取，各地法院陆续免除了律师接受安检的义务。这也算是律师们所享有的为数不多的“特权”之一。当然在有些法院，律师虽然不用安检，但还需登记身份证号码。不过，专利代理师目前无法享受免除安检的“福利”。另外，专利代理师执业证已经取消，改为在网上备案。当法庭核对代理人身份时，律师掏出的是执业证，而专利代理师只能取出一张网页打印件，在气势上可能也会略逊一筹。

注释

1.考虑到解决方案公司和迈图公司两家公司立场一致，委托的代理机构也为同一家，且迈图公司的名称要短于解决方案公司，为避免赘文，故不再对二者进行特别区分，尽量将二者统称为迈图公司。仅在个别需要区分处对二者加以区分。

2.四友公司生产的新癸酸缩水甘油酯产品除Shigena–10外，还有Shigena–10P（优级品）。

3.崔国斌："知识产权法官造法批判"，载《中国法学》2006年第1期，第144~164页。

4.参见北京市朝阳区人民法院（2018）京0105民初12891号民事判决书。

5.参见江苏省苏州市中级人民法院（2011）苏中知民初字第0304–1号民事裁定书。

6.2019年，国家知识产权局机构改革，具有独立法人资格的国家知识产权局原专利复审委员会并入国家知识产权局专利局，更名为"国家知识产权局专利局复审和无效审理部"，成为国家知识产权局专利局的内设机构。由于本案发生时，专利复审委员会尚未进行调整，为避免混乱，本书在叙述案情时仍统称其为专利复审委员会。

7.在2011年，北京万慧达共有北京万慧达知识产权代理有限公司和万慧达律所两个实体，为简便起见，本书统一简称为万慧达律所。

8.由于本案发生时，专利代理人尚未更名为"专利代理师"，为避免混乱，本书在叙述案情时仍统称其为专利代理人。

9.杨敏锋："论律师行业和专利代理行业的和谐发展以《专利代理条例》的修改为视角"，载《中国律师》2014年第4期，第68~70页。

03

管辖异议，知其不可而为之

【提要】

万慧达律师在研究案情时发现，本案存在明显的制造管辖的痕迹。证据显示，本案第二被告必博公司与原告迈图公司明显存在共谋之嫌。必博公司从被告四友公司购买涉案缩水甘油酯产品后，随即全部转让给原告迈图公司，从而制造所谓的管辖地。为此，四友公司提起管辖权异议，认为苏州市中级人民法院对本案没有管辖权，本案应当移交石家庄市中级人民法院审理。由于管辖权异议并不进行实质性审查，故四友公司的异议在一审和二审法院都未能获得支持。不过，通过本次管辖权异议，四友公司争取到半年多的时间，可以比较从容地应对本案。

事件回顾

案情紧急，刻不容缓。万慧达律师在代理本案后，立即全力投入案情的分析中。原告迈图公司起诉状写了23页，内容极为详细，为万慧达律师分析本案提供了极大的便利。

由于方法专利举证困难，故迈图公司在本案中采用“三管齐下”策略：其一是申请证据保全；其二是主张涉案专利生产的为新产品，主张举证责任倒置，要求四友公司证明其生产工艺和专利方法不同；其三就是主张涉案产品中存在特征性杂质，可以倒推出四友公司使用了涉案专利方法。

万慧达律师仔细研究本案后，认为迈图公司的主张无法成立。不过推翻这些观点需要大量的时间和精力去准备，而开庭迫在眉睫，时间非常紧迫。孙兰波在和万慧达律师讨论案情时提到，本案第二被告必博公司并不是四友公司客户。新癸酸缩水甘油酯属于专业产品，而必博公司并没有使用该产品的需求。另外，必博公司的经营范围是“研发、生产热固性、热塑性粒子和粉末（共聚酰胺、聚酯、聚氨酯、聚丙烯、聚乙烯），环氧聚酯胶粉；销售本公司所生产的产品并提供技术咨询和售后服务”，并不是经销型公司，其购买四友公司的产品并转售给他人超越了经营范围。

万慧达律师敏锐地感觉到里面应该大有文章，在仔细翻阅本案证据后，发现必博公司的种种行为很难获得合理解释。必博公司于2011年5月17日向四友公司购买400kg缩水甘油酯，随即于2011年6月9日将产品全部转售给迈图公司（见图3.1）。很明显，必博公司购买上述产品的目的可能就是转手卖给迈图公司，从而制造所谓的侵权行为地。此外，迈图公司支付了必博公司400kg产品的费用，提货时却仅仅取走200kg产品。在本案中，迈图公司和必博公司是敌对关系，将另外200kg产品存放在必博公司那里显然并不合理。

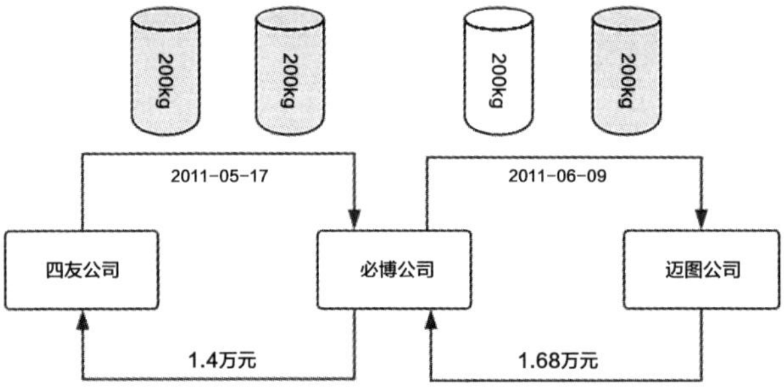

图 3.1 涉案产品购买流程

更诡异的是，四友公司给必博公司开具的增值税发票，居然出现在迈图公司的证据中。正常情况下，卖家不可能将制造商开具给自家的发票提供给客户。权利人通过公证购买取证的时候都会小心翼翼，防止引起被取证对象的怀疑，导致取证失败，甚至影响自己的人身安全。迈图公司能够取得四友公司开具给必博公司的发票，双方极有可能存在共谋。

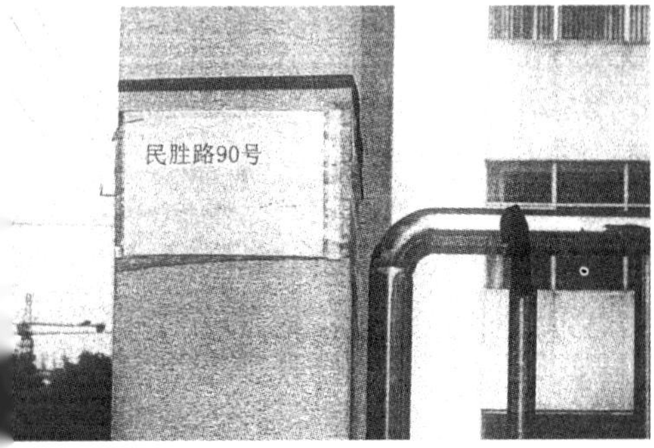

图 3.2 必博公司地址“标牌”
（图片来源：上海市东方公证处）

另外，显示必博公司地址的标牌（见图3.2）也显得不同寻常。从迈图公司证据中的照片可以看出，必博公司所在地“民胜路90号”的地址牌就是一张贴上去的纸，而不是一块正规标牌。这张纸很可能是在取证时故意贴上去，用于证明必博公司这个所谓“被告”的住所地。

根据上述蛛丝马迹，万慧达律师有理由怀疑本案就是迈图公司设局，迫使四友公司在苏州市中级人民法院应诉。至于迈图公司为何选择苏州而不是北京、上海、广州、天津等地，四友公司并不清楚，但可以确定的是在苏州起诉可能对迈图公司更为有利。必博公司在本案的一审和二审中一直缺席，也从侧面印证了万慧达律师的判断。

一般来说，如果侵权产品在全国都有销售，那原告的“常规操作”就是在起诉制造商的同时，再筛选某个“尺寸合适”的销售商作为共同被告，从而选择对自己有利的法院。不过，无中生有地“制造”一个销售商，恐有滥用管辖权的嫌疑。为此，四友公司于2011年12月7日提起管辖权异议，认为迈图公司制造虚假的销售地，苏州市中级人民法院对本案没有管辖权，本案应当由四友公司所在地法院，即石家庄市中级人民法院管辖。

法庭回放

2011年12月14日下午，苏州市中级人民法院召开管辖权异议听证会。听证会由本案主审法官庄法官主持，樊书记员负责记录。原告迈图公司的代理人为银龙知识产权的专利代理人王工和孙工[1]，被告四友公司的代理人则是万慧达律所的韩强律师。笔者当时因为刚从其他律所转到万慧达律所，新的执业证还没有办理完成，无法作为律师出庭，故由韩强律师代为出庭。在听证会上，双方代理人就苏州市中级人民法院是否具有管辖权展开激烈争辩。

法官：本案被告四友公司在答辩期间内提出管辖异议，本院今天就该管辖异议申请召集双方进行听证，被告四友公司陈述你们的理由。

被告律师：从原告提供的证据14~20可以看出，本案第二被告必博公司与原告有利害关系，双方合谋制造虚假销售行为。必博公司仅仅是从四友公司处订购了2桶涉案产品的样品，并无大量购买涉案产品的事实，不是四友公司的销售商。苏州不是涉案产品销售地，苏州市中级人民法院对本案无管辖权，本案应当移送河北省石家庄市中级人民法院审理。

法官：针对被告的管辖异议申请，原告讲一下你们的证据。

原告专利代理人：《专利法》上对侵权行为有规定，如果是以商业目的销售涉嫌侵权产品，也属于侵权行为。我们认为四友公司和必博公司之间是否存在商业关系，或者说必博公司是否是四友公司的销售商，我们在没有证据证明的时候，没办法认定。但是，我们确实从必博公司处购买到了涉案侵权产品2桶，必博公司出具了正式的销售发票，能够证明必博公司销售侵权产品的行为存在。根据最高人民法院2001年判定专利侵权纠纷的司法解释，我们可以根据任何一个被告的居所或侵权行为地来确定管辖法院，故苏州市中级人民法院具有管辖权。

法官：你们的举证证据中，能够支持你们的主张？

原告专利代理人：证据14~21。证据14是公证处去购买取样工具。证据15是证据16的第8页，是四友公司的分析中心对涉嫌侵权产品的分析报告，上面有四友公司的检验章，由必博公司随样品提供给迈图公司。证据16是对这次购买行为进行的证据保全。证据17

是将证据16中的样品运到北京，但由于运输过程中样品泄漏，故又重复前述证据14、16、17的购买工具、公证取样及运送到北京的过程，对应的证据为18、19、20。证据21是分析中心对送检的样品的检验报告。证据14~21基本能够证明从必博公司处购买了产品，分析结果能够证明被告的产品侵犯了原告的专利权。

法官：四友公司代理人针对证据14~21发表一下意见。

被告律师：由于没有原件，无法对真实性进行质证。即使对方出具与上述证据复印件一致的原件，证据14中附有四友公司提供给必博公司的2桶涉案样品的发票；迈图公司证据16为证据保全公证，同样附有前述发票；尤其是迈图公司的证据17，里面还明确提到该发票复印件与原件相符，原件均交给迈图公司的委托代理人保存。我们认为以上证据证明必博公司与原告迈图公司具有利害关系，否则迈图公司不可能拿到四友公司提供给必博公司的发票原件。迈图公司与必博公司合谋，人为制造管辖及销售地，违反法律规定，故苏州市中级人民法院没有管辖权。

法官：原告有无补充意见？

原告专利代理人：虽然当时我们对迈图公司、必博公司之间的具体交涉情况不清楚，但是至少有两种可能的解释。第一种，迈图公司在必博公司购买涉嫌侵权样品时可能要求对方提供产品的正当合法来源和证据。因为不同厂商生产制造的产品质量方面有很大差别，所以证据15中不仅有四友公司出具的产品检验说明书，而且还看到了四友公司出具的销售发票。第二种，我们不排除必博公司在销售产品时工作人员发生失误，在交付迈图公司相关资料时，夹杂了上述销售发票的复印件和原件。另外说明一点，在证据17的公证书中，并未明确表示该发票为原件。我们会在质证时再核对该发票是原件还是复印件。

法官：四友公司有无意见？

被告律师：首先，公证书中明确表明河北增值税发票复印件与原件相符，原件均交王某某保管。另外，买方要求对方提供商品合法来源，一般只需要正规的厂家质检证明就足够。提供发票原件，不仅违背《会计法》，也不符合商业常理。

原告专利代理人：公证书中的表述是："公证书中所附的分析报告、河北省增值税专用发票复印件……与包裹中的原件相符。"我们收到的分析报告是上面有红章的原件，故在分析报告中未用复印件三个字。这可以说明在包裹中收到增值税专用发票是复印件，而不是原件。"与包裹中原件内容相符"，只能说明公证书所附的复印件与包裹中存在的原有文件的原件或者复印件相符。另外，我们认为质证时看到的不可能是四友公司的销售发票原件，在公证书中已经明确写明这是复印件。

法官：四友公司有无证据提交？

被告律师：目前在收集证据，今天还没有证据提供。

法官：销售发票已经能够证明迈图公司与必博公司存在一个买卖关系，你认为这是什么关系？

被告律师：他们之间形式上是买卖关系，但实质并非买卖关系。

法官：四友公司与必博公司除了2桶涉案产品的关系外，还有无其他关系？

被告律师：据我所知，没有其他任何关系。

原告专利代理人：我们对迈图公司从四友公司处购买侵权样品的事实比较清楚。在购买时四友公司会要求购买方提供详细的产品用途说明，并且对产品的供应量有一定限制。我们有理由认为必博公司从四友公司处在短期内不能大量获得涉嫌侵权产品，有可能是因为四友公司控制产品的销量和控制买卖产品的对象。

被告律师：这个说法只是推测，并不是事实。

在本案中，迈图公司提交的证据中出现四友公司开具给必博公司的发票，其本意是用来证明涉案产品的确来自四友公司。不过，这张发票的出现并不符合商业惯例。万慧达律师也正是抓住这点，对迈图公司制造管辖的行为进行强烈质疑。至于迈图公司代理人关于发票的解释是否成立，读者自有判断。另外，一般情况下产品制造商都不会有意去控制产品的销量和买家的资格，毕竟市场经济下，正常的公司都不会和人民币过不去。

另外，在本次管辖权异议听证中，四友公司为保护自身商业秘密，并未按照证据保全裁定的要求，提交相关产品和工艺流程资料。法官询问万慧达律师，前述资料何时提交，万慧达律师表示回去后会向四友公司反映此事。

至此，本次听证会结束。

敲黑板

证据保全有时会给被告造成很大的伤害。由于法官通常对技术问题并不熟悉，证据保全时需要申请人的代理人甚至技术人员一同参加，并对保全的项目进行一一鉴别、记录和收集，并会在质证时反复诘问和了解。如果保全范围很宽很细，势必会造成技术流失。即使被告通过展示所有的技术细节来证明未使用原告的专利从而获得胜诉，但被告自己的技术核心以及众多Know-How也会被竞争对手拿走，最终是赢了官司输了竞争优势。类似的事情并非没有发生过，因此四友公司不得不防。

事件回顾

2011年12月28日，苏州市中级人民法院作出裁定，认为原告迈图公司向必博公司购买了涉案产品，必博公司开具了发票，双方存在真实的购销关系，故苏州市中级人民法院具有管辖权，驳回了被告四友公司的管辖权异议。[2]

四友公司不服，于2012年2月13日向江苏省高级人民法院提起上诉。二审法院没有对该购销关系是否真实作出判断，但认为“原审原告是否与必博公司恶意串通，人为制造虚假销售，有待于实体审理调查确定”，由此认定四友公司的上诉理由不能成立。[3] 据此，江苏省高级人民法院于2012年6月15日作出裁定，驳回四友公司上诉，维持一审裁定。

敲黑板

四友公司对管辖权异议未能获得支持其实早有预料。我国目前对管辖权异议的主要处理做法是进行形式审查，既不开庭审理，也不举行听证。这种形式化、行政化的处理方式显然不足以保护当事人的诉权。[4] 此次苏州市中级人民法院通过听证会的方式处理管辖权异议，值得点赞。不过，听证毕竟与正式庭审存在差异，必博公司也并未出席听证会，要查清该公司究竟基于何种目的从四友公司那里购买涉嫌侵权产品比较困难。在这种情况下，四友公司的管辖权异议被驳回也无可奈何。但通过此次管辖权异议，四友公司争取到半年左右的时间，可以对本案进行充分准备。

法律茶座：管辖权异议

所谓管辖权异议，是指当事人认为受诉法院对该案无管辖权，而向法院提出的不服法院管辖的意见或主张。需要强调的是，提出管辖权异议属于“被告专享”的权利。原告在起诉时已经自己选定了法院，不可能发生“精神分裂”，对自己的选择再提出异议。正所谓“自己选的法院，含泪也得打完”。

法院对案件拥有管辖权是进行审判的前提，故如果有管辖权异议，需要第一时间予以解决。根据《民事诉讼法》，被告对管辖权有异议的，需要在提交答辩状的期间提出，也就是收到起诉状副本之日起15日内提出。这个期限也正是被告能够发表意见的最早时间。

管辖权异议制度是法律赋予被告的权利，但在实务中经常被滥用，成为拖延诉讼程序的惯用手段。四友公司在本案中提管辖权异议是由于案情确实可疑，但不少被告是不管有理没理，先提个管辖权异议再说。

管辖权异议的滥用，浪费了大量司法资源。如北京知识产权法院自2014年11月6日建院至2018年6月30日，共受理3287件管辖权异议二审案件，其中仅有6起案件的一审裁定被撤销，不足案件总数的2‰。[5]

在实践中，出现过不少比较奇葩的管辖权异议理由。如梁某以“广州天河区法院是净土，有点新鲜空气与绿叶”为由，请求将案件移送到天河区人民法院审理。[6] 又如某律师提出的异议理由是审理案件的派出法庭“条件简陋，设备极其不齐全，连审理案件的最基本的桌子、椅子都没有，远不如远郊区县或者偏远山区的法庭办案条件，失去公信力和威严感”，认为“若在不像法庭的法庭审理涉案金额上百万的案件会让当事人产生不信任感和距离感”。[7] 当然，这些荒唐的异议理由都被人民法院依法驳回。

针对奇葩的管辖权异议，人民法院尝试在裁定书中直接予以批评。如广州市中级人民法院在裁定书中指出：“本案是因不动产纠纷而引起的诉讼，依法由不动产所在地人民法院管辖。上诉人上诉提出的与管辖毫无相关联之理由，本院不予审查。对上诉人滥用诉讼管辖权利，拖延审判时间，浪费司法资源的行为，本院予以训诫。”[8] 北京知识产权法院也作出过类似裁定，认为“依据完全无关的法律规定提出管辖权异议申请，明显是草率的、不负责任的”[9]，“增加了对方当事人的诉累，而且浪费了宝贵的司法资源，还有可能伤及社会公共利益”。[10]

当事人滥用管辖权异议的一个重要原因是异议成本过低。根据《诉讼费用交纳办法》，当事人提出案件管辖权异议，异议不成立的，每件交纳人民币50~100元。如果管辖权异议费用提高到人民币1万元，相信滥用管辖权异议的行为将会大为减少。所谓金钱不能解决所有的问题，但能解决大部分问题。

近年来，有法院开始对恶意提起管辖权异议的行为直接予以罚款。如2017年7月，南京市玄武区人民法院因被告“虚构原告户籍地和管辖理由，干扰法庭调查，滥用管辖权异议，浪费司法资源，妨害了民事诉讼的正常进行”，“为教育当事人，培养诚信的诉讼秩序”，对其罚款人民币2000元。[11] 新闻报道显示，自2017年以来，临沂市兰山区人民法院[12]、惠州市惠城区人民法院[13]、北京市密云区人民法院[14]、晋江市人民法院[15]、厦门市海沧区人民法院[16]、中山市第一中级人民法院[17]等法院，都先后对滥用管辖权异议开出过罚单，其中最高金额为北京市密云区人民法院开出的人民币50万元。

注释

1.早期的专利代理人往往都拥有工程师之类的技术职称，故相互称呼时经常简称“某工”。

2.参见江苏省苏州市中级人民法院（2011）苏中知民初字第0304-2号民事裁定书。

3.参见江苏省高级人民法院（2012）苏知民外辖终字第0001号民事裁定书。

4.陈培珊：“程序正义与衡平：管辖权异议制度之修正”，载《山西师范大学学报》（社会科学版），2010年第S2期，第17～20页。

5.赵书博、麦芽：“管辖权异议案件二审维持率高”，载《人民法院报》2018年7月30日第6版。

6.参见广东省广州市海珠区人民法院（2015）穗海法民三初字第1407-1号民事裁定书。

7.张蕾：“那些要换地儿审的奇怪理由”，载《北京晚报》2015年11月4日第24版。

8.参见广州市中级人民法院（2015）穗中法立民终字第3412号民事裁定书。

9.参见北京知识产权法院（2016）京73民初182号民事裁定书。

10.参见北京知识产权法院（2016）京73民辖终29号民事裁定书。

11.参见江苏省南京市玄武区人民法院（2017）苏0102司惩4号决定书。

12.徐鹏："拖延诉讼 房企连提60余起管辖异议"，载《法制日报（电子报）》2017年11月19日。

13.卢慧："企业滥用'管辖权异议'惠城发出全市首张罚单"，载《南方日报（惠州版）（数字报）》2018年8月24日HC03版。

14.黄晓宇："房产公司滥用诉讼权利 法院罚款50万元"，载《北京晨报》2018年9月2日第A04版。

15.吴水保："涉借贷纠纷11起 拖延诉讼被重罚"，载《东南早报》2018年9月5日。

16.谭心怡："提出管辖权异议 只为拖延时间"，载《厦门日报》2018年9月15日。

17.张房耿："滥用管辖权异议被罚8万元"，载《中山日报》2018年12月18日第A05版。

04

证据交换，
正式交锋前奏曲

【提要】

2012年7月13日，本案进行第一次证据交换。迈图公司不知为何，更换了代理机构，改由上海市华诚律师事务所（简称华诚律所）代理本案。为应对迈图公司关于涉案产品新癸酸缩水甘油酯为新产品的主张，四友公司针锋相对地提供了众多证据，证明该产品在专利申请日之前早已经存在，并不属于新产品。在证据交换过程中，双方代理人就证据的真实性、相关性与合法性展开激烈的争辩。

事 件 回 顾

管辖权异议结束后，案件正式开始审理。在诉讼中，证据乃是诉讼之王，打官司就是打证据。不过，法官并没有配备“时光穿梭机”，没有能力破开虚空穿越回过去，他只能通过当事人所提交的证据来查清事实。对一些复杂的案件，当事人提交的证据可以装满好几个行李箱。很多法院门口都有高高的台阶，律师拎着沉重的证据走上台阶并不轻松。从某种意义上说，律师工作也是一份力气活。当然，苏州市中级人民法院的建筑设计比较人性化，当事人进入审判区域无须拾级而上，只要穿过牌坊，沿着胡同走数十米即可（见图4.1）。

本案涉及复杂的技术问题，原告提交的材料也比较多，故苏州市中级人民法院在开庭前组织原被告进行证据交换。

图 4.1 苏州市中级人民法院（杨敏锋摄）

敲黑板

“证据交换是指当事人将各自持有的准备在正式开庭审理时使用的证据彼此进行互换，从而互通信息、整理和明确争点，以追求公平诉讼的制度。”[1] 庭前证据交换可以明确争议焦点，充分体现对抗性；提高庭审效率，发挥庭审功能；避免证据袭击，有利司法公正。[2]

证据交换围绕着证据的“三性”，即真实性、相关性与合法性进行。真实性指的就是证据是否真实，虚假的证据不能作为认定事实的依据。相关性指的是该证据是否和案件有关联，如赵某诉钱某欠钱不还，证据中却有一份孙某写给李某的情书，该情书显然与本案缺乏关联性。证据的合法性指的是该证据的获得需要合法，为防止当事人通过违法的行为获取证据，不合法的证据会被排除。在证据质证中，“三性”只要有一点不符合，该证据就无法使用。

法庭回放

2012年7月13日下午，本案首次证据交换在苏州市中级人民法院117法庭举行。由于工作调整，本案主审法官由庄法官变更为赵法官，故本次证据交换由赵法官主持，朱书记员负责记录。此外，原告迈图公司也变更了代理机构，改由华诚律所代理本案，出庭律师为黄律师、张律师和顾律师。代理被告四友公司出庭的专利代理人是杨颖，律师是杨敏锋。至于必博公司，则继续缺席。

证据交换开始后，原被告双方首先表明自己的基本立场。迈图公司宣读起诉状，重申己方的诉讼请求；四友公司则主张自己生产的产品并没有侵犯原告专利权，请求法院驳回原告的诉讼请求。然后，原被告双方对彼此提供的证据发表意见，主要围绕着证据的真实性、合法性和相关性展开。

在对证据发表意见时，首先是迈图公司对自己提供的证据进行说明。迈图公司在起诉时提交了34份证据，证据交换之日又补充了3份证据，编号为证据1、2、3。由于新证据在最前面“加塞”，故原有的34份证据的编号都需要“+3”。迈图公司的证据并没有按照证明目的的不同进行适当分组，并且还将一份完整证据中的部分内容单独列出来作为另一份独立的证据，故分析起来比较复杂，但大致可分类如下。

1.原告主体资质和享有的权利证据，包括以下2组：

（1）证据1~4、32、35~37，包括专利登记簿副本、两原告就涉案专利签订的普通许可合同、该许可合同的备案证明及授权书、专利说明书、商业注册摘录等，用于证明涉案专利处于保护期间内、专利保护的范围、两原告具有诉讼资格，以及解决方案公司为美国迈图特种化学品公司下属企业。

（2）证据30~32，2份商标档案和1份专利国际申请报告，证明解决方案公司为相关商标的权利人和拥有的专利情况。

2.四友公司的侵权证据，分为以下3组：

（1）证据5、6、27，证据27为对四友公司网站的公证，证据5、6则是证据27中的部分页面，证明四友公司生产被控侵权产品的时间和规模。

（2）证据7~10，为迈图公司和四友公司的相关产品说明书，证明迈图公司的叔碳酸产品和缩水甘油酯产品分别与四友公司的新癸酸产品和新癸酸缩水甘油酯产品结构相似。

（3）证据11~16，包括电话录音、四友公司收款信息和销售人员信息、四友公司新癸酸缩水甘油酯的产品说明书、对所购样品的取样、样品通过快递公司寄送到北京、北京微量化学研究所分析测试中心对样品进行分析，证明迈图公司通过中间人向四友公司购买涉案产品并将样品送至北京检测的过程。

3.必博公司的侵权证据，分为以下2组：

（1）证据17~20，包括购买取证工具、向必博公司购买样品、样品分析报告、取样邮寄到北京送检，不过样品在邮寄过程中发生泄漏，证明迈图公司向必博公司购买样品后，一次失败的送检过程。

（2）证据21~24，包括重新购买取证工具、取样、样品快递到北京送检、检测中心出具分析报告，证明迈图公司第二次终于成功将购自必博公司的样品送检。

4.涉案产品新癸酸缩水甘油酯的相关信息，包括以下3组：

（1）证据25、26、33，包括某检测样品的生产工艺声明、该生产工艺的内容以及1份美国专利，用于证明生产新癸酸缩水甘油酯的现有技术。

（2）证据34，天津四友公司的专利，用以证明四友公司生产涉案产品的技术。

（3）证据28、29，有关网站上对于迈图公司相关的产品进行的英文报道及其翻译，用以证明专利方法生产的产品的特点。

原告陈述完毕，由被告四友公司对原告的证据发表意见。万慧达律师在核对完原告证据的原件后，对证据11、12、16、24、25的真实性不予认可，其余证据的真实性认可。证据11为未经许可的电话录音，取证方式不合法，内容真伪无法查明；证据12为电子邮件和名片，未提供合法来源；证据25为原告一方在国外作出的单方面声明，未经过公证认证，且中文版本未经有资质的翻译机构翻译；证据16、24为检测报告，其中除四友公司样品外，作为对照品的两个样品来源不明，故对对照品的检测结论不予认可。

在证明目的上，万慧达律师认为证据5、6、27并不能证明四友公司的生产规模，设计生产能力不等于实际产量；证据19的发票上写的货物名称为“环氧”，无法和产品对应；证据28、29无法证明专利申请日之前与使用涉案专利方法生产的产品相同的产品未公开销售；证据30、31的商标权人中文名称与原告解决方案公司中文名称和地址不一致，不能证明该商标为解决方案公司所有。

万慧达律师关于证据真实性的意见获得法院采纳，证据11、12、16、24、25被排除。另外需要指出的是，迈图公司的证据5、6、27与侵权赔偿数额有关，本案四友公司胜诉，不需要赔偿，故万慧达律师对前述证据的意见，法院并未进行评论。

法庭回放

针对原告证据的质证完毕，就是对被告四友公司的证据进行质证。在这之前，主审法官先询问了关于证据保全申请的事项，询问是否可以提供相关证据。

法官：本案起诉之后原告提出证据保全申请，本院依法出具了0304-1号民事裁定书，裁定对四友公司生产的被控侵权产品新癸酸缩水甘油酯Shigena-10生产工艺流程所涉的相关操作流程记录单、工艺操作手册、生产设备及技术资料、成品、原料样品以及生产循环物料、废水等予以证据保全，本院也依法至四友公司所在地实施该证据保全，但鉴于当时四友公司的法定代表人以及保管材料的人不在厂内，未能拿到，法院告知被告在15天内将上述材料提交法院。上述材料，被告能否提供？

被告专利代理人：不能。

法官：不能提供的原因是什么？

被告专利代理人：新癸酸缩水甘油酯在专利申请日之前已经公知，有很多制造方法。原告凭借已知产品新的生产方法专利，就认为其他生产商使用了和他一样的生产方法，没有任何道理，也不存在法律依据。如果四友公司按照法院的要求出具所有和生产有关的资料，无异于将涉及生产的商业秘密拱手送给迈图公司。根据《专利法》的规定，只有新产品才适用举证倒置，而本案涉及的并非新产品，被告不需要承担举证责任来证明自己的清白。

法官：虽然你说的举证责任是否倒置涉及新产品的判断，但我院根据原告申请出具了裁定，你们应该配合法院提交上述材料。如果你们认为涉及你们的商业秘密，可以在提交上述材料后提交申请要求保护，但不妨碍本院裁定书的执行。你们在两个星期内将上述材料提供法院。

被告专利代理人：知道了。

敲黑板

此次证据交换中，四友公司共提供了10项证据，用于证明涉案专利方法所获得的专利产品不是新产品。《专利法》第61条第1款规定："专利侵权纠纷涉及新产品制造方法的发明专利的，制造同样产品的单位或者个人应当提供其产品制造方法不同于专利方法的证明。"涉案产品究竟是否为新产品，直接关系到举证责任的分配。法谚有云："举证责任之所在，即败诉之所在。"如果四友公司不能证明涉案产品不是新产品，则需要举证证明自己的生产工艺和专利方法不同。如果拒不提供，法院就可能会推定原告的主张成立，判决四友公司败诉。

迈图公司在起诉状中主张涉案专利方法所生产的产品为新产品，理由是该产品的初始颜色、热稳定性和颜色稳定性以及纯度（用环氧基团含量来判断）等各方面均优于申请日前的同类产品。实际上，原告所主张的这几个指标存在关联性。涉案产品新癸酸缩水甘油酯本身为无色，化学性质也比较稳定，产品初始颜色较深、热稳定性和颜色稳定性下降都是由于杂质导致。一般来说，只要产品纯度提高，则其他指标也会随之改善。为此，四友公司一方面在理由上争辩理化指标的优越并不能作为新产品的依据，另一方面在证据上证明在专利申请日之前就存在前述理化指标更好的产品。

法庭回放

四友公司此次共提交10份证据，其内容如下。

证据1~6，包括原告专利在内的共计5份专利和1篇期刊文章，这些证据均记载了新癸酸缩水甘油酯产品或若干种工艺方法，也公开了具有相同或更高纯度和更低色值的新癸酸缩水甘油酯产品。

证据7，专利审查内档，证明涉案专利在专利审查过程中，专利权人解决方案公司认为专利方法所获得的产品不是新产品。

证据8，《审查操作规程——实质审查分册》2011版，明确了化合物新颖性的专利审查标准，证明通过涉案专利方法生产获得的高纯度产品不是新产品。

证据9~10，百度百科中关于化合物CAS号和EINECS号的介绍，证明新化合物具有唯一的编号，而涉案专利的产品在申请日之前已经获得新物质编号，属于已知产品。

四友公司对证据所证明的内容作出说明后，由迈图公司对其进行质证。迈图公司以四友公司的证据刚收到，需要回去核实为由，对证据3~5没有发表意见，其余证据则发表了质证意见。

在证据真实性上，迈图公司认为证据6为期刊文章复印件，证据9、10为网页打印件，均没有原件，对其真实性不予认可；对其余证据的真实性则予以认可。事实上，证据6证明的内容与证据1~5相同，且内容不如后者详细，不予认可也没有什么问题。证据9、10通过物质编号来否认新产品也属于辅助性的“侧翼攻击”，不影响大局。

在证明目的上，迈图公司对证据7、8的证明目的不认可。迈图公司认为证据7中提及了“更高质量的缩水甘油酯”，更高质量就意味着是新产品；证据8是专利审查中对新产品的认定，而专利侵权判断中新产品的标准与其不同。

法庭回放

双方质证完毕，主审法官提示双方如果有新的证据，下次庭审前可以提交。另外，主审法官要求原告迈图公司明确在本案中所依据的权利要求。

原告律师：权利要求1肯定主张，从属权利要求庭后答复。

法官：初步的侵权证据在于什么地方？如何判断被告方实施了侵权行为？

原告律师：从侵权证据来说，主要是对侵权样品的分析，检测出其中使用了专利方法所独有的特征性杂质。

法官：是不是权利要求9提到的？

原告律师：是专利方法使用的溶剂异丙醇。

迈图公司所主张的特征性杂质，是在IPA（异丙醇）存在的前提下才能生成的。在涉案专利中，独立权利要求（即权利要求1）并没有限定“可与水混溶的溶剂”究竟是哪种物质，而权利要求9则明确限定该溶剂为异丙醇。因此，迈图公司所主张的权利要求，除独立权利要求外，应当包括权利要求9。

法庭回放

在迈图公司明确权利要求后，万慧达律师针对“新产品”这个问题焦点，补充发表意见。

被告专利代理人：权利要求1的保护范围，提及的化合物是通式下的化合物，而在这个方法当中并没有提及通式化合物需要保护的各项性能数据，包括纯度、色值、热稳定性以及颜色稳定性。迈图公司所说的高质量在权利要求1中没有体现，只是在一个实施例中提及。在如此大的保护范围、如此多的化合物和工艺条件下无法获得稳定的高质量的化合物，必然包括了各项数据远低于实施例的化合物。

被告律师：关于新产品和新颖性判断标准，最高人民法院专利权纠纷解释第17条规定，产品本身或者制造产品的技术方案在专利申请日之前为国内外公众所知的，该产品不属于新产品。这可以看出新产品和新颖性采用基本一致的标准，其区别仅仅在于有没有把抵触申请纳入判断范围内。

通过本次证据交换，原被告双方明确了争议焦点，为后续补充证据指明了方向。原被告双方都意识到本案将是一场持久对抗，不过大家可能都没想到，时间竟然会长达五年多。

法学茶座：委托和授权

在民事案件中，除离婚等个别特殊类型，当事人出庭并不是强制性义务。在法庭上，往往见不到当事人的身影，只有双方代理律师在唇枪舌剑。律师作为代理人出庭，需要签订委托代理合同，并由当事人出具授权委托书。需要强调的是，委托代理合同由当事人和律师事务所签订，约定双方的权利义务，如律师费的金额；授权委托书为当事人出具给该案件的出庭律师，明确对律师的授权范围，需要提交给法院。专利代理师代理专利诉讼案件，也适用前述规则。

委托他人代为诉讼，关系到当事人对权利的处分以及诉讼结果的承担，为避免日后因委托问题发生争议，法律规定授权委托书必须用书面形式，并且由委托人签名或者盖章。另外，关于对实体权利的处分，如代为承认、放弃、变更诉讼请求，进行和解，提起反诉或者是上诉，必须获得委托人的特别授权。如果授权委托书上仅仅记载“全权代理”而无具体授权，那代理人不能对委托人的上述实体权利进行处分。当然，即使律师获得了特别授权，他在签署和解协议之前也会先和委托人沟通。如果律师擅自签字，那有违职业道德。

在实务中，客户一般分为律所的客户和律师个人的客户。如果是律所的客户，则代理律师离职了，会由本所的其他律师接手案件；如果是律师本人的客户，则律师离职，案件也会转走，由该律师继续代理。如江苏的某商标案件经历了一审、二审和再审，其中一方当事人的代理律师始终没有发生变化，但判决书上写的其所属律所各不相同，原因就是这位律师在这期间连续换了两次律所。[3] 当然，不管是律所还是律师的客户，如果客户信任某位律师，则可以在合同中约定案件由该律师代理。

专利诉讼案件往往旷日持久，在这期间改换代理律所并不罕见。客户更换律所则意味着需要解除委托合同。由于《合同法》的基本宗旨之一是促进交易，故解除合同并不容易，一般需要双方协商一致，或者是出现不可抗力、预期违约等情形，导致合同实在无法履行。不过，委托合同属于例外。委托合同以双方互相信任为前提，如果信任基础已不复存在，则合同必然难以履行。因此，法律赋予委托合同双方当事人随时单方解除的权利，并且不需要任何理由。[4] 在本书所涉案件中，迈图公司就解除了和银龙知识产权的代理合同，转而委托华诚律所代理。在二审程序末期，迈图公司又解除了对华诚律所的委托，转由北京市金杜律师事务所（简称金杜律所）代理。值得强调的是，委托合同双方都有解除权也意味着作为乙方的律所并不低甲方一等。如果客户不靠谱，律所也完全可以主动提出解除合同。案源并不稳定，在生存线上挣扎的律所，往往只能被动地接受客户的挑选；而案源稳定，具有较高"江湖地位"的律所，则完全可以挑选客户。

如果是律所没变，但需要更换代理律师，则需更换授权委托书。如果委托人开具的授权委托书授予代理律师转委托的权利，那更换律师就比较方便。否则，新接手案子的律师还需要委托人重新出具授权委托书，程序比较复杂。如果委托人是国外客户，委托手续还需要翻译、公证认证等，程序更为烦琐。

为便于应对可能发生的转委托，国外客户向长期合作的律所出具授权委托书时，一般被授权人都是该律所的高级合伙人，委托权限中也包括转委托。在实际操作时，由合伙人转委托给具体办案的某位律师。如果该律师离职，则合伙人可以撤回对该律师的授权，再转委托给其他律师办理。通过这种方式，就可以比较方便地实现代理律师的更换。

注释

1. 许少波："民事诉讼证据交换制度的立法探讨"，载《法律科学》2012年第3期，第132～139页。

2. 高洪宾、何海彬："庭前证据交换实务问题研究"，载《政治与法律》2001年第1期，第60～63页。

3. 参见江苏省南京市中级人民法院（2001）宁知初字第196号民事判决书；江苏省高级人民法院（2002）苏三民终字第056号民事判决书；江苏省高级人民法院（2004）苏民三再终字第001号民事判决书。

4. 胡康生：《中华人民共和国合同法释义》，法律出版社2009年版，第579页。

05

质证再续，争辩焦点新产品

【提要】

2012年8月10日，本案进行第二次证据交换，原告迈图公司对被告四友公司所提证据中上次未进行质证的部分发表意见。随后，双方就新产品的判断标准进行激烈的争辩。迈图公司认为，根据涉案专利方法生产的产品，其理化性质优于现有产品，故构成新产品。此外，涉案产品中存在IPA（异丙醇）、IPGE（异丙基缩水甘油醚）和BIA（内嵌醇）三种“特征性杂质”，可以反推出四友公司使用了涉案专利方法，即在A步骤中使用了IPA作为溶剂。四友公司则主张，理化性质的差异并不能作为判断新产品的依据，并且现有证据已经充分证明存在理化性质更优的产品。此外，如果在D步骤使用IPA去除水解氯，也有可能生成前述“特征性杂质”，并提供了一份验证实验作为证据。

事件回顾

2012年7月13日的第一次证据交换结束后，2012年8月10日下午举行本案的第二次证据交换。与上次证据交换相比，本次出席人员都是“外甥打灯笼——照旧（舅）”，未发生任何变化。必博公司则依然无人出庭。

为本次证据交换，杨颖和笔者早就预订了2012年8月9日上午前往苏州的高铁车票。不幸的是，8月8日正赶上2012年最强台风“海葵”在浙江沿海登陆，那天的很多车次都被取消。当时笔者非常担心8月9日的车次也被取消，如果这样那麻烦就大了。万幸的是这种糟糕的状况并未发生，我们顺利到达苏州。

在本案一审程序中，不管是证据交换还是正式开庭，时间都是在下午。笔者挺羡慕原告迈图公司的三位代理律师，他们律所在上海，可以坐上午的高铁过来，开完庭后当天还来得及赶回去。杨颖和笔者是从北京出发，被告四友公司的孙兰波董事长则是从天津出发，都需要提前一天到达，开完庭后当天我们也来不及赶回去，还得再住上一晚。

法庭回放

听证会开始，主审赵法官明确本次听证的两个主要问题：第一，双方在这段时间的证据收集情况。第二，核实案件事实，确定审理方向。迈图公司表示本次没有新证据提交，原专利登记簿副本有效期过期，新的正在制作中，索赔证据也正在整理中。四友公司则提交一份新的证据，证明异丙醇可以作为极性质子溶剂与脱卤剂碱金属氢氧化物水溶液一起去除环氧树脂双酚A缩水甘油醚中没有合环的有机氯，从而获得可水解氯含量低的产品。该证据用于对抗迈图公司通过所谓特征性杂质来反推生产工艺的主张，具体的抗辩理由将在后续内容中逐步展开。

证据质证开始，主审法官首先要求迈图公司对四友公司所提证据中上次未进行质证的部分发表意见。

原告律师： 对证据1涉案专利说明书的真实性无异议。

证据2为美国专利，真实性无异议，证明内容有异议。该证据没有公开颜色值和稳定性这两个与缩水甘油酯的产品性能具有重要关系的指标，不能证明专利方法获得的产品不是新产品。

证据3为PCT申请，真实性无异议，证明内容有异议。该专利涉及的是产品的提纯方法而不是制造方法，其不能制备出和涉案专利相同的产品，不能否认涉案专利制备的产品是新产品。根据北京市高级人民法院的意见，新产品是指在国内第一次生产出的产品，该产品在组份、结构或者质量、性能、功能方面有明显区别。此外，证据3中测试产品色值和稳定性的方法与本案专利不同，故不能否认涉案专利获得的产品是新产品。

证据4为美国专利，真实性无异议，与本案无关联性，不能证明本案专利获得的产品不是新产品。

证据5为美国专利，真实性无异议。该证据中公开的产品理论纯度仅仅是91%，远低于涉案产品的96.5%。涉案专利中记载现有技术产品纯度在88%~92%，故证据5公开的产品为现有技术产品。

证据6为期刊文章的复印件，真实性和关联性都有异议。

证据7为本案专利审查内档，真实性无异议。该证据反而能证明专利产品在性能上比现有产品有显著进步，在色值、稳定性等多项指标上更优越。

证据8为国家知识产权局的审查规程，真实性无异议。如何确定新化合物和新产品，在法律上是不同概念，不能证明涉案专利产品不是新产品。

证据9、10都是网页打印件，真实性和关联性都不予确认。

证据11为被告今日提交，我们需要时间核实。

被告专利代理人：关于新产品，需要遵守2009年最高人民法院的意见，即产品或者制造产品的技术方案在专利申请日以前不为国内外公众所知。原告的涉案专利中也没有色值和纯度的记载。对于产品的生产，原告已经认可审查员的意见，认为产品是已知的产品。

法官：关于证据部分，双方还有补充吗？

原告律师：没有。

被告专利代理人：没有。

法官：原告方在本案中是否主张新产品？

原告律师：主张。

法官：相关依据在哪里？

原告律师：我们主张属于新产品的依据在于涉案专利的说明书对产品的技术指标和性能作了详细描述。在实施例15中，产品的环氧含量、纯度明显高于现有技术，主要杂质降低到0.94%，颜色方面达到29.1。在125℃下，20d后的色值，涉案专利生产的产品是463，而现有技术是1290。

法官：你们认为你们的产品是新产品，依据说明书显示颜色、纯度和颜色稳定性优于市售的缩水甘油酯产品？

原告律师：是的。

被告专利代理人：原告指出的仅是实施例，由特定的条件特定的反应物所产生。涉案专利的方法是针对一定范围内的化合物和反应条件，范围远大于该实施例。此外，在涉案专利的背景技术部分，说明书的第7页指出产品纯度可以达到99%以上，远远高于实施例中的96%。关于产品存放20d以后的色值，专利给出两个现有技术，就是我们的证据2、3。根据这两份证据的记载，现有技术的产品纯度和20d以后的色值均远远高于涉案专利实施例15给出的数据。

被告律师：每一项新产品都有很多技术指标，而原告所主张的是所有的指标都优于现有技术。涉案发明专利文件指出有相关指标高于专利产品存在，所以原告主张的所有指标都优于现有技术不能成立。

法官：法庭认为仅仅依据说明书中的一个实施例说明专利产品是新产品是不够的，需要进一步补强。

原告律师：知道了。

敲黑板

迈图公司在本案中主张通过涉案专利方法生产的产品为新产品，但涉案专利的背景资料中清楚地写明现有技术已经公开色值和环氧当量都远高于涉案专利方法获得的产品，并给出了相关的专利号。迈图公司在诉讼中的主张和涉案专利中的记载直接矛盾，故其在后面的诉讼中不断修正其关于认定新产品的主张，试图绕过这一根本性矛盾。

法庭回放

原被告双方就新产品判定的短兵相接结束后，主审法官表示是否是新产品依赖于原告后续的证据，法庭会综合判断。然后，听证会进入下一个主题，就原告指控被告侵权的证据进行听证。

法官：依照上次听证，你们目前指控被告侵权的依据是被告的产品最终产物中发现了特征性杂质，现在是否依旧是这个主张？

原告律师：特征性杂质有三项，第一个是IPA（异丙醇），第二个是IPGE（异丙基缩水甘油醚），第三个是BIA（内嵌醇）。

法官：为什么说这三个杂质出现了，反推认为他们必定使用了你们的专利方法？

原告律师：被告提交的证据里面，涉及缩水甘油酯的生产工艺流程，大体的工艺步骤基本上相同，最重要的区别是一开始反应的阶段使用了共溶剂异丙醇（其作用见图5.1）。只有本专利采用了异丙醉，其他方法均不会采用异丙醇，故只要检测出了异丙醇就说明采用了本专利的方法。另外两个杂质是异丙醇和其他原料或者催化剂反应后产生的副产物，出现了这两个副产物能够说明采用了异丙醇。

图 5.1 原告所主张的 IPA 的作用（邓哲绘）

法官：对于权利要求1的第一项，异丙醇就是你们所说的可与水混溶的溶剂？

原告律师：是的。

法官：你们主张哪几个权利要求？

原告律师：权利要求1和权利要求9。

法官：被告，你们对此有没有合理解释？在你们的产品中出现了三个特征性杂质？

被告专利代理人：我们不认可原告提交的产品分析报告结论，而且该报告中只给出了三种成分，没有给出该杂质在产品中的具体含量。原告的权利要求1和权利要求9，异丙醇加入的时间仅仅是在反应的第一步。异丙醇作为常用的溶剂，可以添加在反应过程中间，还可添加在产品后期的纯化过程。产品纯化是本领域中常用的技术手段，我方证据3中也指出，缩水甘油酯需要后续的纯化处理来去除杂质（其作用见图5.2）。我们所提交的证据11中，所使用的异丙醇就是用于去除产品中存在的水解氯。因此，原告不能够证明我们所用的工艺方法是在第一步中使用了异丙醇。

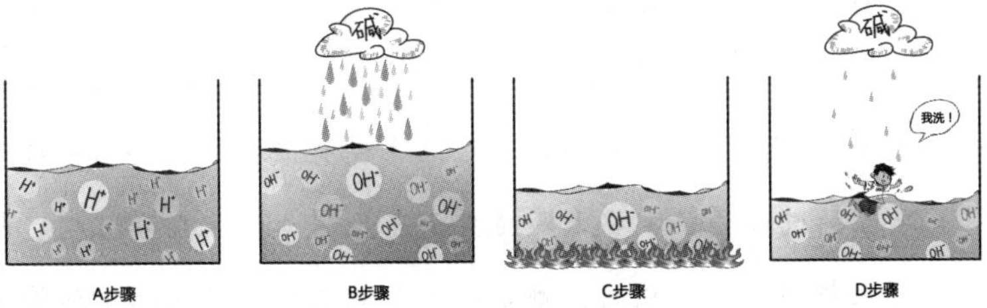

图 5.2 IPA 作为洗涤剂去除水解氯（邓哲绘）

法官：你们所提交的证据认为纯化过程中也需要用到异丙醇，有没有依据？

被告专利代理人：证据11是去除环氧树脂中特定的成分水解氯，因为使用过量的环氧氯丙烷，所以产品中必然存在水解氯。

法官：原告方什么意见？

原告律师：证据11涉及的产品是环氧树脂，本专利涉及的是缩水甘油酯，两者是不同的产品。不同的化学产品溶解性能等理化性质都不相同，不能将环氧树脂的提纯溶剂拿到本专利来类比。本专利最主要的区别特征就是采用了可与水混溶的溶剂，让原始反应更加充分。采用异丙醇也有弊端，会和其他物质反应产生杂质，需要最后去除。专利方法使用异丙醇是利大于弊之下的权衡，而被告自称在后续步骤中加入异丙醇，无端引入杂质，不合常理。

法官：被告还有补充吗？

被告专利代理人：关于证据11中提到的环氧树脂，它的反应过程和涉案专利原理一样，都是通过环氧异丙烷进行开环反应，然后进行脱卤化氢，都会产生水解氯，影响产品质量，故有必要增加水解氯的去除工艺。

法官：原告方主张权利要求1和权利要求9，权利要求1涉及四个步骤，你现在的证据仅仅证明被告使用了异丙醇，对于权利要求1的其他技术特征有没有相应证据？

原告律师：对于本专利中的B、C和D步骤，涉及的特征大多数都是常规反应条件。本专利的方法区别于现有技术最主要的特征是化学要素的选择，化学要素最主要的是原料、催化剂和溶剂。与现有技术相比，原料相同，都是一元羧酸与卤素取代的单环氧化物，催化剂也基本一致，唯一的主要区别就在于是否采用与水混溶的溶剂。被告的产品经过检测证明采用了和本专利所限定的相同溶剂，我们认为足以认定被告采用了本专利的制造方法。

法官：对于其他技术特征，你们没有证据，你们认为本专利主要的特征就在于使用了异丙醇，检测出了异丙醇，反推就是侵权？

原告律师：本专利的其他条件都是常规的，无论哪个企业生产都要采取这个步骤，关键是溶剂的选择。

原告律师：关于其他技术特征，根据证据34，即天津四友公司的发明专利可以看到，发明专利的技术手段是领域内的企业都采用的方法和手段，比如说我们的专利是要求在30~110℃下反应0.5~2h，天津四友公司的专利描述在90℃下反应1h。

被告专利代理人：根据原告专利背景技术的描述，没有加入异丙醇，仅在催化剂的存在下即可形成缩水甘油酯。这说明该产品在反应中可以不使用异丙醇，而是将其用在提纯阶段去除水解氯。

法官：对于本案是否有证据需要补充？如果有，需要多长时间？

原告律师：我们需要针对被告方今天补充的证据以及法庭的问题补充证据，案子还涉及代理事务所之间的交接，我们需1~2个月时间。

被告专利代理人：我们可以找一些关于异丙醇溶剂方面的证据，时间和原告一样。

法官：本案是发明专利，发明专利诉讼有特定特点，双方在证据收集过程中难度较大，法庭也充分注意到这个情况。法庭对于双方要求需要补充的证据可以给予一定的期限，但也希望双方能够提高工作效率，尽快将证据收集好。本院预计将会在2012年9月初的时候安排一次庭审，如果你们有相应证据，在此之前提交法院。

在本次证据交换中，原被告双方的争议焦点更为集中，即涉案产品是否属于新产品，以及能否通过所谓特征性杂质来反推生产工艺。值得注意的是，在本次证据交换中，主审法官并没有像上次那样向四友公司询问证据保全的事项，似乎暗示着经过万慧达律师的争辩，法庭的倾向可能已经悄然发生变化。

法律茶座：新产品

在本案中，涉案专利方法生产的产品是否属于新产品直接决定原被告举证责任的承担，故成为双方争辩的焦点。《专利法》为平衡原被告双方的利益，当涉及新产品的制造方法时，适用举证责任倒置。“因为新产品在方法专利申请日前不为公众所知，经由专利方法制造的可能性较大，其制造方法的证据又处于被诉侵权人的实际控制之中，因此，应当由距离证据更近的被诉侵权人提供该证据证明针对自己的侵权指控不成立。”反之，如果不是新产品，要求被告举证则容易被专利权人滥用来套取被诉侵权人的商业秘密。[1]

顾名思义，所谓“新产品”指的应当是一种新出现的产品。不过在具体认定标准上，也有过诸多争议。在本案中，迈图公司的依据是北京市高级人民法院2001年发布的意见[2]，该意见认为“在国内第一次生产出的产品”为新产品。四友公司的依据是最高人民法院2009年的解释[3]，该解释认为“产品或者制造产品的技术方案在专利申请日以前为国内外公众所知的”，则不属于新产品。

北京市高级人民法院和最高人民法院的规定，存在两点明显差异：第一，公开方式。北京市高级人民法院秉持“生产出”标准，首次生产出的产品必然是新产品；最高人民法院为“出现过”标准，产品首次面世之前，如果有文献详细地记载了其技术方案，该产品就不构成新产品。第二，地域范围。北京市高级人民法院是“国内”标准，在国外早有生产的产品首次进入国内时，也属于新产品；最高人民法院是“世界”标准，在国外已经生产的产品不属于新产品。

需要指出的是，新产品的判断标准需要参照《专利法》中“新颖性”标准，两家法院意见不同的原因就是该标准发生了变化。北京市高级人民法院的意见发布于2001年，适用2000年《专利法》，此时在国外的公开使用不破坏新颖性；最高人民法院的解释发表于2009年，适用2008年《专利法》，在国外的公开使用破坏新颖性。2013年，北京市高级人民法院发布《专利侵权判定指南》[4]，对新产品的规定进行调整，新规定在含义上与最高人民法院保持一致。四友公司的案件发生在北京市高级人民法院的新规定发布前，故原被告在判断新产品的法律适用上也展开了交锋。

在法律效力上，北京市高级人民法院的意见只能适用于北京市，而最高人民法院的意见则适用于全国。四友公司的案件在江苏省苏州市审理，北京市高级人民法院的意见并无用武之地。另外，即使案件在北京市审理，如果北京市高级人民法院的意见和最高人民法院的意见冲突，也同样应适用最高人民法院的意见。

值得注意的是，北京市高级人民法院的意见中还规定了认定新产品的实质性标准，即该产品在“产品的组份、结构”或者其“质量、性能、功能”方面有明显区别。这两个条件用“或者”连接，意味着符合一个即可。在新旧两个版本中，该标准并无变化。如北京市高级人民法院在“基本无粉尘四氢-3,5-二甲基-1,3,5-噻二嗪-2硫酮颗粒的制备”发明专利侵权案中，认为“依据涉案专利所生产的产品与专利申请日之前已有的同类产品相比，在产品的组份、结构或者其质量、性能、功能方面没有明显区别，不属于新产品”。[5]

不过在实践中，也有不少法院持相反的观点，认为两个条件都需要符合。如武汉市中级人民法院在“一种装饰塑料异型材及其生产方法”专利侵权案中认为，“在产品内部结构、组份材料等方面未有创新的情况下，仅在既有功能特点上更优并不能作为认定该专利方法所获得的产品为新产品”。[6]

又如在“平滑型金属屏蔽复合带的制作方法”专利侵权案中，最高人民法院一方面认定涉案专利方法所生产的平滑型金属屏蔽复合带为新产品，理由是专利方法制造的产品具有区别于专利申请日前同类产品的新的结构特征；不过在另一方面又强调，“新的结构特征导致使用本案专利方法制造的产品在质量和性能方面与本案专利申请日前同类产品具有明显差别”。[7]

需要强调的是，这里所述的“产品的组份”，不应当包括杂质在内。如在“垄鑫综合土壤消毒剂”专利侵权案中，专利权人BASF公司以涉案专利方法所涉及的产品含有三种特征性杂质为由，主张涉案产品属于新产品。该主张被法院依法驳回。[8]

在举证责任分配上，是否属于新产品需要权利人举证证明。不过新产品意味着以前没有，属于消极事实，很难进行证明。在实践中，如果权利人能提交新产品证书，则可以作为认定新产品的重要证据。

如在“湿法磷酸一铵生产磷酸铵盐干粉灭火剂的方法”专利侵权案中，权利人提交了《科技查新报告》《云南省新产品证书》及《国家重点新产品证书》等证据，法院据此认定涉案专利方法生产的产品为新产品。[9] 在本案中，法院也要求迈图公司提交新产品证书，不过迈图公司直到最后都没有拿出该证书。

注释

1.参见最高人民法院（2013）民申字第309号民事裁定书。

2.北京市高级人民法院《专利侵权判定若干问题的意见（试行）》第122条：新产品。《专利法》第57条第2款规定的“新产品”，是指在国内第一次生产出的产品，该产品与专利申请日之前已有的同类产品相比，在产品的组份、结构或者其质量、性能、功能方面有明显区别。是否属于新产品，应由原告举证证明。

3.最高人民法院《关于审理侵犯专利权纠纷案件应用法律若干问题的解释》第17条：产品或者制造产品的技术方案在专利申请日以前为国内外公众所知的，人民法院应当认定该产品不属于《专利法》第61条第1款规定的新产品。

4.北京市高级人民法院《专利侵权判定指南》第102条：《专利法》第61条规定的“新产品”，是指在国内外第一次生产出的产品，该产品与专利申请日之前已有的同类产品相比，在产品的组份、结构或者其质量、性能、功能方面有明显区别。

产品或者制造产品的技术方案在专利申请日以前为国内外公众所知的，应当认定该产品不属于《专利法》规定的新产品。

是否属于新产品，应由权利人举证证明。权利人提交证据初步证明该产品属于《专利法》规定的新产品的，视其尽到举证责任。

5.参见北京市高级人民法院（2008）高民终字第164号民事判决书。

6.参见武汉市中级人民法院（2013）鄂武汉中知初字第03551号民事判决书。

7.参见最高人民法院（2012）民提字第3号民事判决书。

8.参见北京市第二中级人民法院（2007）二中民初字第12860号民事判决书；北京市高级人民法院（2008）高民终字第164号民事判决书。

9.参见云南省高级人民法院（2008）云高民三终字第40号民事判决书。

06

首次开庭，八仙过海显神通

【提要】

2012年10月15日，本案第一次正式开庭。本次开庭的焦点问题是使用涉案专利方法生产的产品是否为新产品，以及原告迈图公司提交的初步侵权证据和被告四友公司的抗辩能否成立。在新产品的判定上，迈图公司的观点发生了细微的变化，认为“特征性杂质”的存在也是判定新产品的依据。在侵权证据上，迈图公司强调四友公司产品中检测出IPA、IPGE和BIA，足以证明四友公司使用了涉案专利方法。四友公司则强调，现有技术中早已出现相关指标更为优越的产品。而通过所谓特征性杂质反推生产工艺在逻辑上不能成立，因为还存在其他的生成路径。此外，迈图公司的观点在事实上也缺乏证据，迈图公司并未证明四友公司产品和通过专利方法生产的产品中都存在前述三种物质。

事件回顾

2012年10月15日下午，本案在苏州市中级人民法院正式开庭。合议庭组成人员为审判长庄法官、主审赵法官以及人民陪审员薛老先生，朱书记员负责记录。原告方的出庭律师依然是华诚律所的黄律师、张律师和顾律师。被告方这边除杨颖和笔者外，四友公司孙兰波董事长、王永军经理以及法律顾问廖晓荣律师也都出席了庭审（见图6.1）。至于必博公司，当然还是鸿飞冥冥，渺无影踪。

影视作品中的庭审，往往旁听席上座无虚席。不过在实际案件

图6.1 四友公司出庭人员（左起依次为杨颖、杨敏锋、廖晓荣、孙兰波、王永军）

中，旁听席上很少有人“围观”。这不是法院不允许旁听，而是大众缺乏兴趣。公开审判是我国民事审判的基本原则之一，不涉及国家秘密、个人隐私以及商业秘密的案件，公众完全可以申请旁听。不过法院审理的案件中，社会关注度高的案件只是少数，绝大部分案件对大众并没有吸引力，比如张三欠李四的钱不还，王家兄弟因争夺遗产闹上法庭，又或两个公司因为履行合同产生纠纷等。另外，法院每天要审理的案件有很多件，故审判庭也有多个，但一般都很小，旁听席上也坐不下几个人（见图6.2）。本次庭审使用的是114号法庭，旁听席上可以坐几十人，已经属于比较大的法庭。

图 6.2 中国法庭示例（陶覃静摄）

在宣布法庭纪律、核对当事人、询问是否申请回避等例行程序结束后，法庭调查正式开始。首先是原告迈图公司明确诉讼请求。在本次庭审中，迈图公司的诉讼请求有所变化，主张的合理费用从原来的人民币98.32万元增加到人民币151.72万元，增加了人民币53.4万元。迈图公司主张的合理费用中，大部分是律师费。高额的律师费用意味着诉讼成本高昂，专利诉讼在某种意义上可以说是有钱人的游戏。

法庭回放

原告迈图公司诉讼请求中的表述是请求法院判令被告四友公司生产“α-支链的一元羧酸的缩水甘油酯，特别是新癸酸缩水甘油酯”

的行为构成侵犯专利权。不过，“α-支链的一元羧酸”是“新癸酸”的上位概念，用“特别是”来连接容易导致表述不清楚。如一个女孩对自己的理工科男友说：“我要吃水果，特别是橙子。”可怜的男友恐怕就会开始纠结，如果没有橙子，买苹果或者香蕉是否符合任务要求。审判长一眼就发现了诉讼请求不清楚，要求迈图公司明确这两项产品之间的关系，故迈图公司将涉嫌侵权的产品明确为新癸酸缩水甘油酯（羧酸、α酸、癸酸和新癸酸之间的关系见图6.3）。

图 6.3　各类化学物质的关系（邓哲绘）

原告迈图公司陈述完毕，被告四友公司进行答辩。四友公司明确表示，没有侵犯原告的专利权，请求法庭驳回原告的全部诉讼请求。

在本次庭审中，迈图公司又补充了证据38~49，四友公司则没有补充证据。迈图公司的证据中，证据38为专利登记簿副本，证明涉案专利在有效期内；证据39~44为5篇美国专利和1篇文章，包括英文及其中文译文，用于证明通过蒸馏除去环氧氯丙烷等系现有技术中采用的常规技术手段。

证据39~44的证明目的和本案其实并不相关，迈图公司可能想通过这些证据来削弱四友公司可以通过异丙醇来去除水解氯的主张。迈图公司认为既然环氧氯丙烷可以通过蒸馏去除，就没有必要再通过加入异丙醇来帮助去除。实际上新癸酸缩水甘油酯中的杂质水解氯可以通过异丙醇来去除，这个水解氯的主要成分是氯醇酯而非环氧氯丙烷，其沸点很高，无法通过蒸馏去除，只能靠碱液在异丙醇溶液中消除。

证据45~48为律师服务费清单和银行付款回单，证明迈图公司已经产生的国内外律师费共计人民币1434928.06元。证据49为10张发票，证明迈图公司支付了人民币34282.6元合理费用。

万慧达律师对证据38专利登记簿副本和证据49发票没有异议；认为证据39~44需要核对英文，无法当庭发表质证意见；证据45~47为迈图公司单方证据，没有其他证据补充，且证据47的付款方迈图高新材料有限公司不是本案当事人；证据48银行付款回单中无法看出与本案有关联。

法 庭 回 放

证据质证完毕，主审赵法官宣布本次开庭围绕两个问题进行：第一，原告主张的涉案专利方法生产的产品是否为新产品；第二，原告目前指控被告侵权所提交的初步侵权证据及被告相应的抗辩理由能否成立。根据这两个问题的调查，合议庭将确定下一步的举证责任分配和审理方法。

首先原告迈图公司陈述涉案产品为新产品的理由。迈图公司主张新产品的依据依然是北京市高级人民法院的意见，但具体理由发生了细微的变化，在认为除参数指标优于现有产品外，增加了产品中存在微量杂质这个新的理由。迈图公司认为微量杂质的存在，也导致该产品优于同类产品。根据迈图公司的观点，“微量杂质”起到“一鱼二吃”的作用，既可以作为认定新产品的依据，也可以作为反推四友公司使用了涉案专利方法的理由。

万慧达律师则认为该意见与最高人民法院的解释冲突，不应当适用。迈图公司主张的权利基础为权利要求1和权利要求9，权利要求中选择的反应原料、摩尔比例、催化剂、反应温度、反应时间等都很宽泛，不可能在任意一种条件下都能得出符合要求的产品。当然，迈图公司则坚持在这个宽泛的条件下所获得的产品全部可以达到前述优秀的理化指标。

关于新产品的交锋告一段落后，原被告双方就能否通过所谓“特征性杂质”来反推专利方法进行辩论。需要强调的是，通过特征性杂质来反推生产工艺，其论证逻辑远比新产品复杂。

敲黑板

使用专利方法会产生特征性杂质，并不意味着出现了特征性杂质就能倒过来认定必然使用了专利方法，因为这些杂质也可能是通过其他路径生成的。这好比坐高铁可以从北京到上海，并不意味着从北京到上海一定坐的是高铁。旅客还可以乘飞机，也可以自己开车。为此，原告的反推如果成立，还需要排除其他可能的路径，即证明其他方式不可能产生这些特征性杂质。不过，“其他的方式”可能有无数种，要求原告全部排除实际上无法实现。

不过在民事诉讼中，证明标准并不会如前所述那么苛刻。民事诉讼中遵循的是相对宽松的“优势证据”标准，只要该事项可能成立的概率高于不成立的概率就算符合要求；而刑事诉讼遵循“排除合理怀疑”标准，要求将所有可能的路径都予以排除。本案为民事诉讼，合议庭认为，如果被告产品中检测出特征性杂质，同时原告能证明存在该杂质的原因很有可能是使用了涉案专利方法，则原告就完成了初步举证，接下来需由被告证明还存在生成该杂质的其他路径（本案的举证逻辑见图6.4）。这种逻辑也很常见，如在“垄鑫综合土壤消毒剂”专利侵权案中，原告BASF公司证明涉案专利方法生产的产品中存在三种特征性杂质，而被告未能证明使用其他方法合成该产品也会形成前述三种杂质，最终法院判决被告侵权成立。[1]

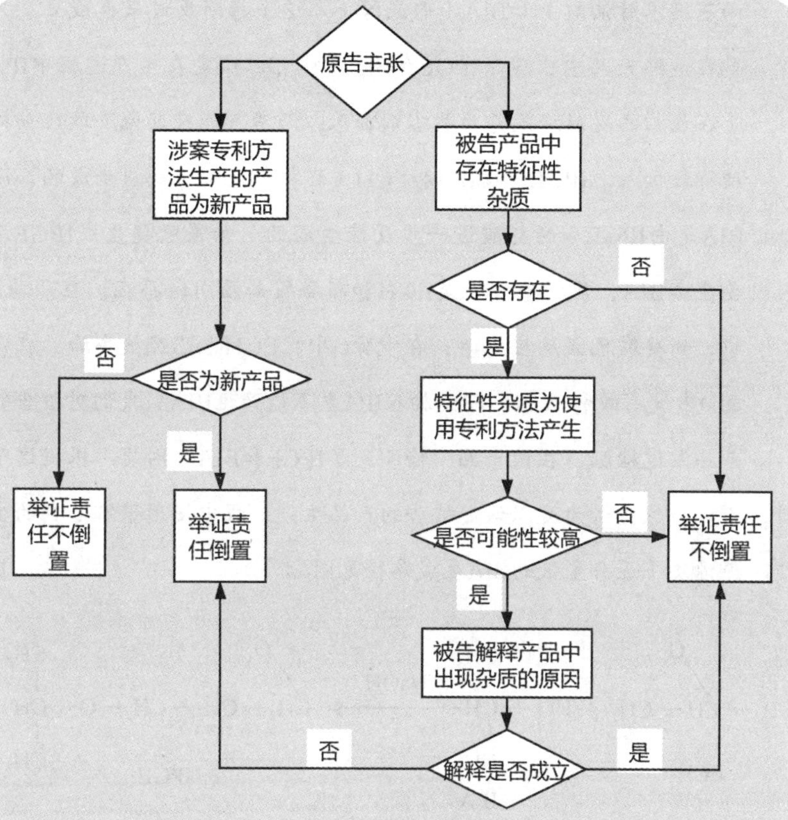

图 6.4 本案的举证逻辑

法庭回放

法官：听证中原告主张侵权依据是三个特征杂质，为什么说出现了这三个杂质就能反推使用了原告的专利？

原告律师：涉案专利区别于现有技术的最大特征是IPA（异丙醇）作为共溶剂使用，其他步骤都属于现有技术的常规技术手段。使用IPA作为共溶剂，直接后果就是在反应的产物中会出现IPGE（异丙基缩水甘油醚）和BIA（内嵌醇）。这个推断反过来也成立。只要在最终产品中出现了IPGE和BIA，就可以认定在生产过程中IPA是在最初的反应阶段作为共溶剂加入，而不可能在其他阶段比如提纯阶段加入。IPGE是由IPA和ECH（环氧氯丙烷）反应生成的，而BIA是由IPGE和新癸酸进一步反应生成的。如果既要生成IPGE又要生成BIA，前提条件就是ECH和新癸酸必须同时存在。在步骤B中，新癸酸已经反应完毕；在步骤C中，ECH也已经被去除；在步骤D中没有酸和ECH，即使加入IPA也不能产生BIA。我们对被告的产品做过检测，在该产品中检测到了IPGE和BIA。因此，根据这个事实，原告认为足以认定被告的产品生产过程中使用了本专利的生产方法（原告主张的BIA生成路径见图6.5）。

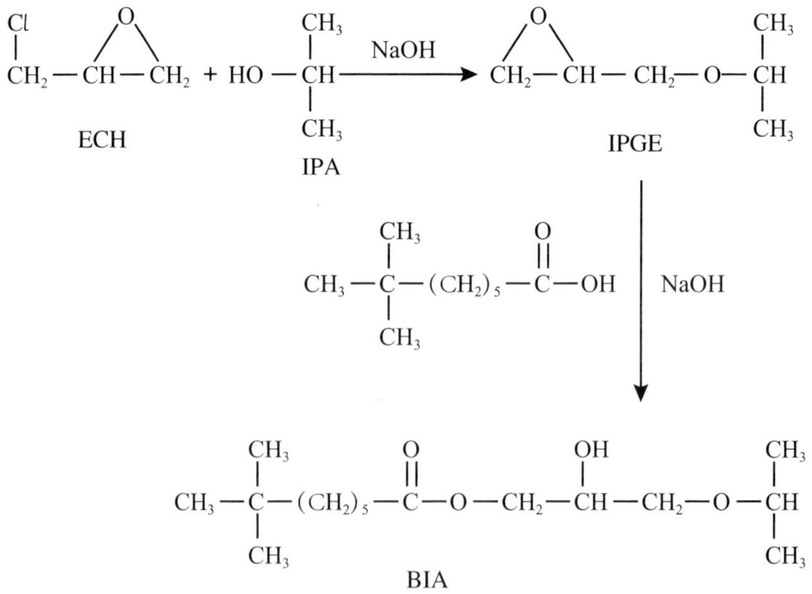

图 6.5 迈图公司主张的 BIA 生成路径

法官：被告解释一下，在你们的产品中出现这三个特征性杂质的原因？

被告专利代理人：专利文献中并没有记载这三种特征性杂质。是否能够出现这些杂质必须有充足证据证明，原告只是推断，没有证据证明。检测报告显示，用专利方法生产的Cardura®E10P产品中不含有异丙醇。如果专利方法生成的化合物中都没有异丙醇，那该物质不能称为特征性杂质。

法官：你的依据在哪里？

被告律师：起诉状第15页（见表6.1）和两份检测报告。

表 6.1 原告起诉状中的表格

产品	IPA	ECH	IPGE	BIA（分子量 m/z 为288对应的组份）
标准参比试剂	使用	使用	使用	无
Shigena-10P	√	√	√	√
Cardura®E10P	○	○	√	√
Cardura®E10P-EXP	○	○	○	○

无：没有 BIA 标准参比试剂

√：检测到该组份

○：未检测到该组份

抽丝剥茧

在起诉状中，迈图公司主张Shigena-10P为四友公司产品，Cardura®E10P为按照专利方法生产的产品，Cardura®E10P-EXP为按照现有技术生产的产品。迈图公司宣称四友公司的产品中检测出IPA（异丙醇）、ECH（环氧氯丙烷）、IPGE（异丙基缩水甘油醚）和BIA（内嵌醇）；按照专利方法生产的产品中检测出IPGE和BIA；按照现有技术生产的产品中则上述4种物质都未检出。按照迈图公司的主张，既然Cardura®E10P为按照专利方法生产，则三种特征性杂质都应当存在，没有检测出IPA和迈图公司的主张完全矛盾。

法庭回放

被告专利代理人：BIA在哪份检测报告中出现了？原告在证据中直接指出来。

陪审员：被告在原告提到的产品中存在异丙醇这个情况之前，你们知道你们的产品中含有这个化学产品吗？

被告专利代理人：我们需要原告说清楚他的特征性杂质。

陪审员：你们是否知道你们的产品中有这个成分？

被告专利代理人：原告没有举证。

陪审员：你们现在还不知道，是吗？

被告专利代理人：我们知道现有技术可以用IPA除去水解氯。

陪审员：你们有没有使用过异丙醇？

被告专利代理人：我不说！在已知产品不是新产品的情况下，举证责任不在我们。

陪审员：你们不作明确回答？

被告专利代理人：是的。

陪审员：你们的证据美国专利是用异丙醇去除环氧树脂中的水解氯，你们的证明目的是什么？

被告专利代理人：活性水解氯可以在异丙醇的存在下加入氢氧化钠来去除，我们要说明这是现有技术。

孙兰波：原告主张存在这三种特征性杂质就意味着必然使用了专利方法，而这篇美国专利提到并非如此。

本案的人民陪审员薛老先生富有长者风度，但提问风格极为凌厉。薛老先生对被告四友公司专利代理人杨颖的提问步步紧逼，庭审现场充满了火药味。当被告专利代理人杨颖于法有据地直接回答“我不说”时，法庭一片哗然。杨颖用最为简单直接的方式，抵挡住了质问，维护了被告四友公司的权益。

法庭回放

陪审员：原告，各项指标明显高于现有产品的指标，现有产品是包括某一种产品呢？还是各种产品的平均值呢？依据是否能够更加充分明确地提供？

原告律师：我们确定新产品的指标优于现有产品，主要依据产品说明书，把实施例15做的产品指标和现有技术进行了比较，优于现有产品。如果要穷尽所有的产品指标比较困难，目前抽选了两个产品进行比较。

被告专利代理人：我们提交的证据也可以显示现有技术都已经公开色值和环氧当量都远高于原告专利方法获得的产品。涉案专利说明书第7页第4段记载用已知方法可以获得99%的纯度；证据3中纯化后的缩水甘油酯的色值优选为5~30，低于本案专利实施例15的色值51；证据3中没有纯化的产物纯度可以降到97%，优于实施例15中的96%；证据2中3个实施例中所获得的产品按照环氧当量换算后纯度是99%，高于专利方法生产的产品。这些都可以证明，通过现有技术完全可以生产出高于专利方法的产品，原告所称新产品的说法不能成立。

关于特征性杂质，原告方的证据为2份北京微量化学研究所分析测试中心的检测报告（即证据16、24），得出的结论我们有异议。检测报告中认定在色谱柱中出峰时间为7.33min的物质为IPGE，据此认定四友公司Shigena-10P中峰值为7.332min的物质和涉案专利生产的产品Cardura®E10P中峰值为7.327min的物质为IPGE，而按照非专利方法生产的产品Cardura®E10P-EXP中峰值为7.366min的产品却没有被认定为IPGE，这不合理。此外，该检测报告证据中的结论是Shigena-10P和Cardura®E10P中检测出分子量为288的物质，而原告直接宣称该物质就是所谓的BIA。

原告律师：涉案专利中，生成缩水甘油酯是主反应，而生成IPGE和BIA是副反应，没有必要记载副产物。在本反应的所有原料和产物中，只有BIA的分子量为288，所以我们认为分子量为288的物质就是BIA。关于IPGE，7.366min的峰值和7.33min有较大的差异，被告的观点不能成立。

法庭回放

此轮交锋完毕，审判长以合议庭需要对于新产品是否构成以及特征性杂质是否能够倒推出加入了IPA进行评议为由，宣布休庭。10分钟后庭审继续进行，原告迈图公司提出有技术专家到庭，就特征性杂质的问题进行阐述。不过在这之前，原被告双方就新产品的问题又补充了一次意见。

原告律师：关于新产品，被告提交了多份专利证明现有产品的纯度优于我们专利产品的指标。原告认为被告提供这些证据选择的是单一的性能指标，而我们作为新产品的参数指标是综合数值。从证据角度来看，没发现现有产品同时具备专利产品的技术指标。被告认为化学产品只有生成了一种新的化学结构才构成新产品，混淆了新产品和新物质的概念。新物质可以认定为新产品，但是新产品不一定是新物质。

被告律师：原告主张必须同一个产品的各个指标都优于涉案专利产品才能证明比专利产品优越。不过化学产品各个产品的数值之间存在相关性，如果产品从90%提纯到95%甚至99%，色值和稳定性都会相应提高。因此，一个指标优越，很可能其他指标也优越。

被告专利代理人：现有技术已知的产品同时具备了原告说的几个产品特点，环氧当量、色值以及存放一定时间后产品色值的变化，都在一个产品中体现。

法庭回放

双方关于新产品的意见补充完毕，原告方来自荷兰的技术专家伍斯先生（化名）出庭，上海上外翻译总公司职员邹先生担任翻译。伍斯先生通过PPT演示了自己对专利的理解和看法。

伍斯先生认为，涉案专利分为A、B、C、D四个步骤。A步骤的主反应为新癸酸和环氧氯丙烷进行链接，生成中间体氯代醇酯，其中ECH过量，保证新癸酸反应完全。专利工艺和传统工艺最大的区别就是加入IPA作为共溶剂，IPA是惰性的，但也会有一个微小的反应，产生很少量的IPGE和BIA（见图6.6）。

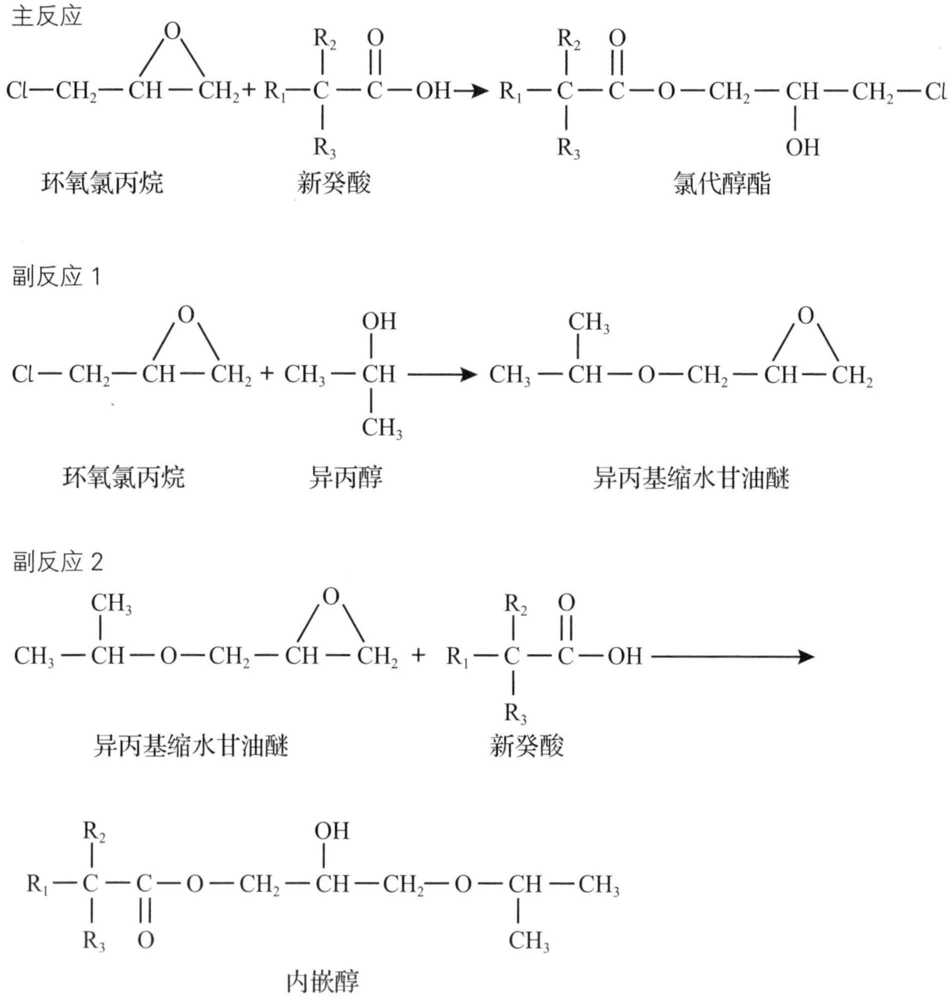

图 6.6 迈图公司主张的 A 步骤主反应和副反应

B步骤是A步骤产物的继续反应，通过加入水和碱性反应物促成分子结合，获得成品，同时生成水和盐。此时反应体系中还存在过量的ECH、共溶剂IPA，以及A步骤生成的副产物IPGE和BIA（见图6.7）。

C步骤是一个物理过程，和传统工艺相似，通过蒸馏工

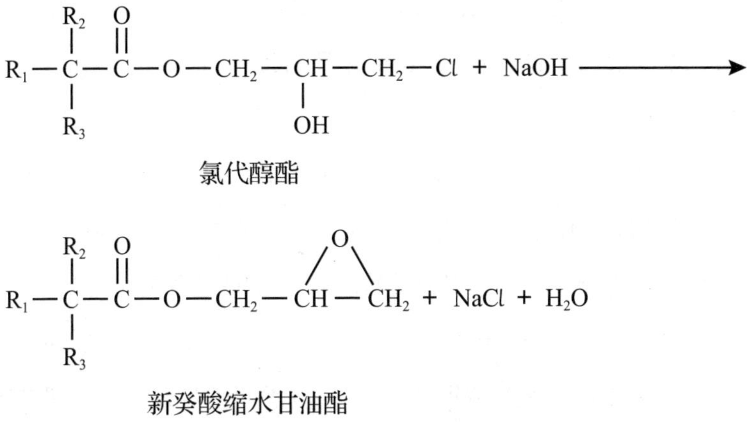

图 6.7 迈图公司主张的 B 步骤反应

艺，去除产品中的ECH、水和共溶剂IPA。蒸馏后的产品中还包含盐和副产物IPGE和BIA，IPA可能还有残留。

D步骤中的工艺与传统工艺大同小异，用碱去除产品中存在的卤化氢。

在D步骤中，不存在ECH，也就无法生成IPGE。BIA是由IPGE和新癸酸反应生成，而D步骤中同样不存在酸，同样无法生成。

抽丝剥茧

原告迈图公司在本案中主张，专利方法区别于现有技术的最大特征是在A步骤中将IPA（异丙醇）作为共溶剂使用。也就是说，如果他人在其他步骤中加入异丙醇，则不会落入涉案专利的保护范围。不过问题是异丙醇在A步骤中加入后，在后续步骤中都会存在。为此，迈图公司必须要证明在其他步骤中加入IPA不会生成IPGE和BIA这两种物质，否则就无法通过杂质来反推生产工艺。

为此，迈图公司必须主张涉案专利方法的A步骤存在特殊性，否则难以自圆其说。在本案中，迈图公司主张IPGE由IPA和ECH生成，而BIA则由IPGE和新癸酸生成。只有在A步骤中同时存在ECH和新癸酸，而在其他步骤中要么没有新癸酸，要么ECH已经消耗完毕，不符合同时产生IPGE和BIA的条件。

不过，关键问题是IPA和ECH的反应需要消耗碱，故只能在碱性条件下才可能反应。涉案专利的A步骤是向新癸酸与ECH混合物中滴加不超过酸量45%（摩尔比）的氢氧化钠，氢氧化钠滴入反应体系后马上会和新癸酸发生中和反应，整个体系中不会有游离的氢氧化钠存在。没有游离的氢氧化钠也就意味着难以形成IPGE，更不用说后续的BIA。

迈图公司的技术专家应当非常清楚涉案专利的技术关键所在，不过他们别无选择。当然，也许他们从反应罐中提取了涉案专利方法A步骤的反应液，从中发现了IPGE和BIA，由此确信在A步骤中确实生成了这两项物质。不过，工业化生产中，溶剂和未反应完全的反应物都会循环利用，其所使用的溶剂中可能早就累积了可观的IPGE和BIA，最终导致迈图公司不幸发生误判。

法庭回放

原被告双方对伍斯先生进行询问后，被告四友公司孙兰波董事长作为资深技术人员，发表了其对于BIA生成的技术观点。

孙兰波：化学是一门实验科学，任何结论必须通过检验证明。化学结构的确定必须通过质谱、核磁共振、紫外和红外谱来确认。原告仅凭借气相色谱—质谱联用（GC-MS）和理论推断来确定一种物质的结构并不科学，没有证明力。原告专利分四步，第一步是开环合成氯代醇酯；第二步是一次合环脱氯得到叔碳酸缩水甘油酯；第三步是去除异丙醇和过量环氧氯丙烷；第四步是二次合环脱氯，减少可水解氯含量，纯化叔碳酸缩水甘油酯。第三步中的环氧氯丙烷没有办法完全去除，加入IPA必然会产生IPGE。专家说只有新癸酸和IPGE才能生成BIA，其实叔碳酸缩水甘油酯和IPGE也可以产生BIA。也就是说，存在第二条生成BIA的路径（见图6.8）。

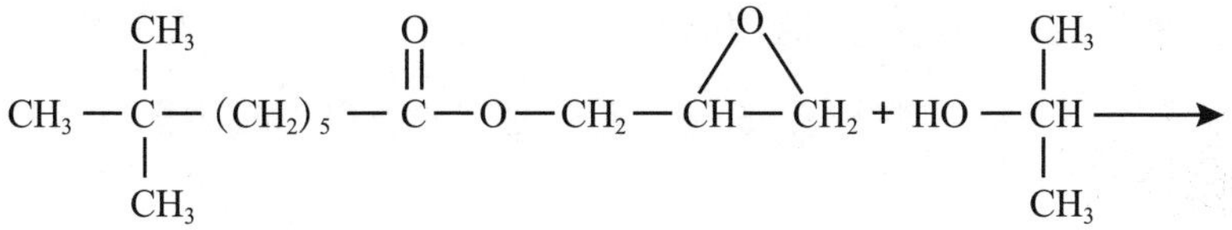

非α-支链羧酸缩水甘油酯

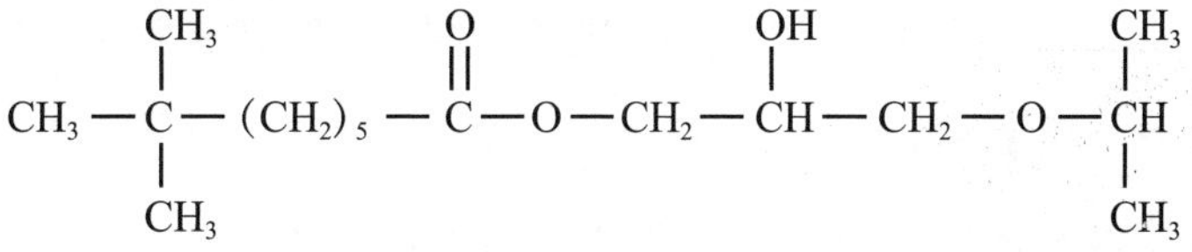

（非α-支链羧酸）BIA

图 6.8 四友公司主张的 BIA 生成路径

孙兰波认为，关于IPGE的生成，在后续的B、C、D步骤中，反应体系都是碱性，同时也都存在IPA和ECH，此时两者可以反应生成IPGE。同时在这三个步骤中，IPA和体系中大量存在的新癸酸缩水甘油酯也会发生反应，生成分子量为288的物质（疑似BIA）。

孙兰波认为，由于成品新癸酸缩水甘油酯存在水解氯，故可以参照美国专利的方法，用IPA作为极性质子溶剂，用碱脱除其中的氯化氢，从而降低产品中有机氯的含量，提高纯度。在此过程中，IPA会和残存于新癸酸缩水甘油酯中的ECH进行反应形成IPGE，同时和新癸酸缩水甘油酯反应形成分子量为288的物质（疑似BIA）。

总而言之，孙兰波认为步骤A不会产生IPGE，也不会形成分子量为288的物质（疑似BIA），而步骤B、C、D却都能产生该两种物质，甚至新癸酸缩水甘油酯的纯品再用IPA和碱共同脱除其中的可水解氯时也会产生这两种物质。因此，迈图公司主张在新癸酸缩水甘油酯中含有IPGE和BIA就意味着在A步骤中加入了IPA，缺乏依据。

显然，孙兰波从理论上推翻了迈图公司对于特征性杂质的基本主张，但是他的理论是否正确则需要实验检验。在后续程序中，孙兰波的技术观点通过第三方实验获得了证明。值得一提的是，在后续程序中，迈图公司提供的补充证据56，也就是曾教授的实验证据，也同时帮助验证了孙兰波的理论。

在本次庭审中，孙兰波与荷兰技术专家伍斯先生辩论时，还发生了一个小插曲。伍斯先生说的是英文，同时又涉及极为专业的化学知识，翻译难度很高。当孙兰波在质询伍斯先生时，翻译人员有些词不达意，跟不上两人的节奏。孙兰波索性直接用英文和伍斯先生进行辩论，庭审人员一时因意外而不知所措。审判长连忙宣布法庭纪律：这是中国法庭，请大家讲中文！

双方意见发表完毕，审判长庄法官对庭审进行归纳。庄法官指出，目前原告并没有充分的证据证明被告的生产方法侵犯涉案专利权。本案中，迈图公司应当举证被控方法侵犯了其专利。如果有证据证明被控产品属于新产品也可以适用举证责任倒置。另外一个争议焦点，迈图公司主张存在三种特征性杂质，IPGE和BIA两种杂质能否倒推出在步骤A中存在IPA。如果有必然性的话，法院会考虑把举证责任分配给四友公司。化学领域主要是看数据，针对第二个争议焦点，合议庭希望原被告双方都继续补充举证。如果迈图公司能举证证明，必然发生举证责任分配的转移。四友公司如果直接举证证明有其他路径也能产生这两种杂质，那说明不是必然的。迈图公司提交了延期举证申请，考虑本案实际情况，法庭给予双方一个月的举证期限。

至此，第一次庭审结束。

法律茶座：法官

在本案中，合议庭组成人员除两位法官外，还有一位人民陪审员。在美国的律政剧中，经常会出现陪审团的身影，如《十二怒汉》《失控陪审团》《费城故事》等（见图6.9）。不过，中国的人民陪审员与美国的陪审团虽然都是由法院之外的人员组成，但两者并不是一回事。

图 6.9 西方陪审团
（图片来源：Moodboard / 图虫创意）

在诉讼程序中，查清事实和准确适用法律缺一不可。欠债还钱，天经地义，在法律上完全可以获得支持。不过，如果出借方没有任何证据证明自己借钱给对方，那就缺乏相应的事实依据，最终难免败诉。在美国，陪审团的职能就是查明事实，而适用法律则是法官的职责。

中国的人民陪审员制度，秉持“人民司法”理念，是党群众路线的体现。人民陪审员在执行陪审职务时，与法官有同等的权利义务，对事实认定和法律适用独立行使表决权。例如在由两名人民陪审员和一名法官组成的一个合议庭中，若两名人民陪审员的意见都和法官相左，按照少数服从多数的原则，应当按照人民陪审员的意见进行审判。

中国的法官和英美国家的法官在影视作品中的形象也有显著的区别。在英美的影视作品中，“法官或长袍加身（见图6.10），或假发灌顶，如神一般高高在上，决定着上至总统首相、下至百姓布衣的利益分配甚至命运。或许职业中立的要求使然，或许是沉默倾听的习惯使然，观众总是留下刻板印象。法官们在法庭之上，虽如帝王般端坐云端，俯视众生，定人生死，但却冰冷刻板不接地气，不与常人为伍，甚至不谙人情。”[2] 而在中国的影视作品中，法官的形象则体现得比较亲民，塑造的是知心、体贴、周到的法官形象，如《法官妈妈》《法官老张轶事》《女法官》《小镇大法官》等。

图 6.10 西方法官形象
（图片来源：Moodboard / 图虫创意）

在年龄上，英美国家的法官都是从执业多年的资深律师中选任，担任法官时年龄通常在四五十岁以上。在中国，担任法官需要通过司法考试（2019年后改为法律职业资格考试），并通过公务员考试来选拔，其年龄下限为23岁。知识产权案件相对比较复杂，对法官的要求比较高，故法官平均年龄要大一些。2014年11月至12月，中国先后成立北京、广州和上海三大知识产权法院，法官平均年龄分别为40.2岁、41岁和43.6岁。[3] 2019年1月1日，最高人民法院知识产权法庭成立，首批法官平均年龄42岁，主力都是70后。[4]

在法官开庭时所穿的制服上，中外各国都以长袍为基本样式，颜色各异，代表严肃庄重的黑色为主流。“在中世纪的欧洲，黑袍是一种社会地位的象征，代表着神秘、智慧和理性，还隐喻着恪守为守望真理而许下的承诺和献身精神，而符合这些属性的职业，只有神职人员、学者和法官。”[5] 不过，中国的法袍是在2000年首次引入的，历史并不悠久。

1984年5月1日开始，中国法院首次实行统一服饰制度。法官着军警式制服，佩红色肩章，戴大檐帽。[6] 法官制服的设计样式，与1983年“严打”密切相关。“严打”之后，中央决定给公检法部门的司法工作人员都配发制服，而法检两家的制服都以公安制服为蓝本进行设计。[7] 在这个阶段，法院的建制与部队近似，带有较浓的军事色彩。很多从部队转业或者复员的军人被安置在法院工作。法官服的设计，在一定程度上也迎合了法官的军营情结。1990年和1995年，对法官制服式样和材质进行了调整，但一直保留了肩章和大檐帽等标志（见图6.11）。

图 6.11 军警式法官制服
（杨敏锋摄于中国法院博物馆）

随着法治建设的不断发展和完善，我国司法部门的对外交往也日趋频繁。那身军警式制服让法院院长和法官们越来越不自在，法官应当穿什么样的衣服也就越来越成为一个不小的问题。[8] 经国务院批准，人民法院2000年起对审判服进行改革。在此次制服改革中，共和国法官首次以西装式的文官制服代替军警式制服，并正式引进黑色的法袍。[9]

新式制服取消了大檐帽、肩章等元素，以胸前佩戴法徽作为主要标志。2000式法袍为黑色散袖口式长袍，领子刺绣麦穗、齿轮、华表图案，胸前门襟上端为红色，针缀五粒（一大四小）胸扣，大扣代表公正执法，小扣代表四级法院。十年后的2010式法袍，又在细节上有了调整，领口小法徽改为绣在左前胸的大法徽，在衣领、袖口处增加了对称的金色麦穗状图案（见图6.12）。[10]

法官在审理案件时必须身着法官袍，而法官袍的面料为挺括的单面华达呢，保暖效果良好。但在炎热的夏天，如果法庭的空调不给力，穿着法官袍审案难免“挥汗如雨”。

图 6.12 中国法官袍（陶覃静摄）

注释

1.参见北京市第二中级人民法院（2007）二中民初字第12860号民事判决书；北京市高级人民法院（2008）高民终字第164号民事判决书。

2.书影君："坠入人间的法官"，"书影斑斓"微信公众号，2018年09月15日。

3.温如军："三家知识产权法院受理案件过万"，载《法制晚报》2015年9月9日第A14版。

4."要闻发布｜国新办就最高人民法院知识产权法庭有关情况举行发布会"，"君策Justra"微信公众号，2018年12月30日。

5.黄鸣鹤：《法庭的故事》，中国法制出版社2016年版，第164页。

6."法官制服的年轮：跨越四十年的司法记忆"，"最高人民法院"微信公众号，2019年1月5日。

7.李蒙："中国法官制服的三次嬗变带来了什么？"，"桂客留言"微信公众号，2017年9月24日。

8.贺卫方："法官的法袍代表了什么（上）"，载《中国律师》2002年第1期，第49～52页。

9.江隐龙："法官制服第六次换装，这些年法官们都这样穿"，"上观新闻"微信公众号，2017年6月26日。

10.张建伟："司法的外衣：法袍与制服"，"中国法律评论"微信公众号，2017年6月30日。

07

证据补充，
分析对抗暗流涌

【提要】

首次开庭结束后，原被告双方都进入“证据补充模式”。在本案中，原告迈图公司仅通过分子量为288这唯一指标就主张未知物质为BIA。被告四友公司为证明这种判断方式并不靠谱，提交了多份分析化学领域的教科书和技术指导标准，证明未知化合物的结构确证需要综合红外、紫外、核磁、质谱等多种谱图进行综合解析。迈图公司补充了专家意见和鉴定意见各一份，试图证明该分子量为288的物质就是BIA。四友公司则认为该专家意见中存在众多错误，鉴定意见不能证明通过涉案专利生产的产品中存在IPGE和BIA，也不能排除BIA还存在其他的生成路径。为证明迈图公司新提交证据中的错误，四友公司又提交了教科书、化学期刊文献、验证实验等证据，用以支持自己的观点。

事 件 回 顾

首次庭审结束后，针对本案的争议焦点和原告补充的证据，迈图公司和四友公司都分别补充了大量证据，用以支持己方的观点（本案中一审和二审的证据见图7.1）。在很多影视作品中，律师在法庭上口若悬河，将对方问得哑口无言，最终大获全胜。看上去律师的核心能力就是口才，但事实并非如此。法庭上，证据是诉讼之王，打官司就是打证据，律师的一项重要能力就是证据的收集和组织。在很多案件中，律师将证据整理提交给法院之后，案件的基本趋势就已经确定。

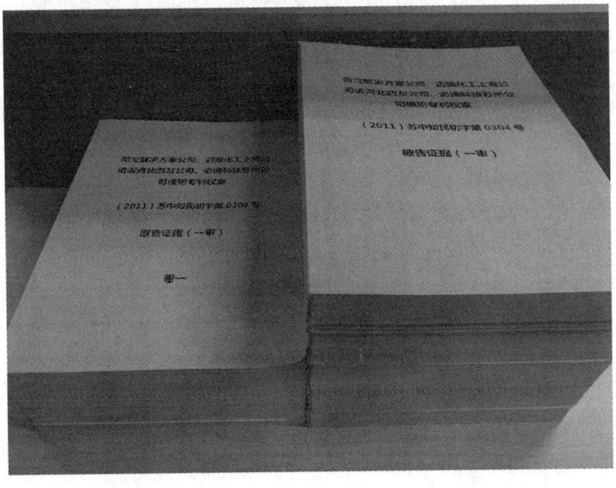

图 7.1 本案一二审全部证据（杨敏锋摄）

抽丝剥茧

在本案中，迈图公司判定未知化合物为BIA的唯一依据就是从质谱中测得的分子量为288。然而，有机化合物数量超过数千万种，分子量相同但结构不同的化合物成千上万。迈图公司主张的BIA分子式为$C_{16}H_{32}O_4$，含有16个碳原子、32个氢原子和4个氧原子，分子量为288。但是，这些同种类同数量的原子可以通过不同的排列顺序，组成数百种乃至上千种结构截然不同的化合物。这好比是七巧板（见图7.2），简简单单的七块木板，可以拼凑出的图案有成百上千种。

图 7.2 七巧板
（图片来源：Deposit / 图虫创意）

另外，分子量为288也并不意味着分子式一定是$C_{16}H_{32}O_4$。如氧（O）的分子量为16，而硫（S）的分子量为32.065，如果用一个硫原子取代两个氧原子，其组成的化合物$C_{16}H_{32}SO_2$的分子量也是288。当然，如果使用高精度质谱仪，双方分子量的细微差异可以分辨。不过迈图公司鉴定报告中使用的质谱仪并没有这么高的精度，并不能检测出这种细微的差别。

由于有机化合物结构的多样性和复杂性，对有机化合物的结构解析历来都不是一件简单的工作。如果某种化合物已经存在标准图谱，则可以通过图谱比对的方式来确定。如现代的兴奋剂检测经常使用高灵敏度的气相色谱—质谱和液相色谱—质谱联用检测方法，用气相/液相色谱分离物质后，进入质谱检测，将获得的图谱和标准图谱进行比对。

不过，很多复杂化合物并不存在标准图谱，此时需要综合运用各种技术分析手段。不同的分析手段所获得的化合物信息各不相同，如利用紫外吸收光谱可获得化合物中可能含有的发色团、助色团种类及初步的连接方式等信息，利用红外吸收光谱可推测化合物中可能存在的化学键、官能团和可能的连接方式，通过核磁共振可获得化合物的某些元素在分子中的类型、数目、相互连接方式、周围化学环境甚至空间排列等信息，利用质谱则可进行原子量和分子量的测定以及同位素的分析等。[1]所谓“横看成岭侧成峰，远近高低各不同”，不同的技术手段只能获得未知化合物的一部分信息。化合物结构确证的过程，本质上就是将不同角度的信息结合起来，互相印证，最终获得一个完整的化合物结构。

在有些专利案件中，检测机构严格遵照分析化学领域的要求进行未知化合物的结构确证，其检测结果获得了法院的支持。如在“偶氮染料及制备方法与用途”的发明专利侵权案中，法院指出“报告所列各项检测均不能作为单独判断对照品化学结构的依据，需加以综合分析判断；……该报告检测结论为：经过紫外光谱、红外光谱分析、质谱分析（ESIMS、ESIMS/MS、ESIHRMS、ESI源内CIDHRMS）、核磁共振分析（包括1HNMR、13CNMR、DEPT135°）表明，对照品TZ5159/4主成分分子量、分子式及结构式均与3,5-二氨基-2,4-二((4-(2-(砜基)乙基磺酰基)苯基)二氮烯基)-6-((2-磺酸)二氮烯基)苯甲酸的化学结构相符。……虽然被告对检测结论提出质疑，但其相关主张尚不足以证明检测结论不正确，故本院对被告否定检测结论的主张不予采信”。[2]

反过来，如果仅通过一种分析手段来确定物质，则很可能无法获得法院的支持。如在“喹诺酮甲酸和萘啶酮甲酸衍生物及其制法”发明专利侵权案中，南京市中级人民法院认为“虽然红外光谱法是药物分析中用于鉴别组份单一、结构明确的原料药的重要方法，但从拜耳先灵公司提供的证据来看，涉案的化合物盐酸莫西沙星的化学结构比较复杂，内含两个手性碳原子，仅凭红外光谱检测难以作出准确的结构判断，需与其他检测方法相配合方能确定其化学结构”。[3]

四友公司的这场诉讼发生在数年前，当时案例的检索没有现在这么方便，故万慧达律师也很难找到相应的案例来支持自己的观点。

事件回顾

在本次诉讼中，万慧达律师为证明原告仅仅通过分子量来确定物质的方式并不靠谱，于2012年11月补充了证据12。该证据是从国家图书馆复制的文献资料，其中包含了《有机质谱技术与方法》《有机波谱学谱图解析》《波谱解析》《分析化学》等9本化学领域的教科书。这些书籍都明确指出，确证物质结构需要经过多个图谱的综合解析。2013年3月，万慧达律师又提交了证据13，即在国家食品药品监督管理局网站下载的《化学药物原料药制备和结构确证研究的技术指导原则》，用于证明同样的问题。

原告迈图公司则于2012年12月补充了6份证据，即证据50~55。其中证据50~53为费用支出证据，迈图公司用以证明截至2012年12月4日，在国外产生的律师费为人民币117.9万元，在国内支付的费用为人民币65万元。证据54是伍斯先生出具的一份关于BIA测定方法的专家意见，证明由专利方法得到的分子量为288的物质就是BIA。证据55则是一份鉴定意见，用于验证IPGE和BIA的生成原理。迈图公司的证据54具体内容如下。

关于BIA测定方法的专家意见

依据当今的化学原理可以断定：由专利方法得到的分子量为288的物质为BIA。

BIA可以并且已经被有意生成出来，因此可以将其作为参照物。针对BIA进行的分析采取了以下方法，包括气相色谱火焰离子化检测或气相色谱—质谱检测。已知BIA可溶于四氢呋喃、乙腈和二氯甲烷，因此可以通过溶解性排除拥有相似分子量的其他物质。

气相色谱法是用于检测混合物中组份的非常可靠且常用的技术。一旦知道了一种组份的保留时间，就可以通过气相色谱法在混合物中检测其是否存在。

BIA的保留时间是已知的，因此通过气相色谱法确定一种组份是否为BIA是可能的。所以，气相色谱法及其使用的气相色谱柱能按沸点和官能团将组份分离。由于-OH基团，BIA成了一种非常特殊的组份。-OH基团决定了分子的极性，也因此决定了分子的沸点。并且，-OH基团还能与气相色谱柱进行相互作用。分子的极性以及气相色谱柱的相互作用都非常特别，这也就意味着用这种方法得到的BIA的保留时间及特征性的峰型具有独特性且很好辨识。

BIA可以作为参照物，其在气相色谱上反映的保留时间和峰型都和Cardura™E10P样本中发现的组份的结果完全相同，也与Cardura™E10P样本中的分子通过气相色谱—质谱检测出的裂解方式完全一致。上述结果证明了该组份为BIA。

Cardura™E10P样本可以完全溶解于前述溶剂。这说明分子量为288的组份亦可溶解于前述溶剂。这可以确定组份基团的极性与BIA完全相同。

气相色谱同样可以用于分离各种组份。这些组份将接受质谱分析。BIA的质谱图是已知的。通过离子进行测量，也就是加入一个分子质量为1的质子，BIA在289到达一个显著峰值，这对应于分子量288+1。气相色谱—质谱法的谱图可以与BIA已知的谱图进行对比。气相色谱—质谱样本的峰值和形态符合参照物的质谱图。由此可以得出结论，即分子量为288的产物确实为BIA。

上述结果均检测到的组份为BIA。我认为不可能有其他分子量为288的组份会通过气相色谱在完全相同的保留时间洗提出来，并具有相同的峰型，且生成一个与参照物BIA的质谱图完全吻合的质谱图。

专家证人：伍斯

日期：2012年10月16日

抽丝剥茧

专利诉讼往往涉及复杂的法律问题，如果被告代理人缺乏相应的技术背景，不能准确地理解相关证据，那很有可能会被原告代理人唬住，被迫签订“城下之盟”。法官如果一时不察，也有可能被绕到“坑”里。伍斯先生的专家意见看上去振振有词，但几乎每一句话都存在实质性错误。

在基本事实上，伍斯先生宣称BIA已经生产出来，该物质的质谱图、在气相色谱中的保留时间和特征性的峰型已知，并可溶于四氢呋喃、乙腈和二氯甲烷。实际上BIA并不存在已经生产出的标准品。迈图公司在起诉状第15页的表格中就明确表示“没有BIA标准参比试剂”，伍斯先生作为迈图公司的专家，观点和迈图公司却并不一致。在本案后续程序中，BIA被证明是一种由众多分子量为288的物质所组成的混合物，并非单一物质，根本不存在所谓的标准谱图，更谈不上和标准谱图进行比对。

关于物质的溶解性，伍斯先生认为可以通过物质在四氢呋喃、乙腈和二氯甲烷中的溶解性不同，排除拥有相似分子量的其他物质。事实上这三种物质都是优良的有机溶剂，能够溶解的有机化合物非常广泛。在现有的数千万种有机化合物中，能够同时溶解在这三种溶剂中的化合物至少有数十万种。更重要的是，迈图公司也未提供任何证据来证明BIA在这三种溶剂中的溶解性。

关于气相色谱，伍斯先生认为一旦知道了一种组份的保留时间，就可以通过气相色谱法（Gas Chromatography，GC）在混合物中检测其是否存在。气相色谱是利用不同的物质在沸点、极性及吸附性质上的差异，在色谱柱中流出的时间（即保留时间）不同，实现混合物的分离。不过现有的有机物有数千万种，假定气相色谱的分离时间为1h，则平均每秒钟摊到的物质就有上万种，试图通过保留时间上的差异来区分显然并不靠谱。另外，化合物在气相色谱柱中的保留时间与固定相的结构、数量、柱温、柱子的尺寸和流动相的速度等相关。[4] 即使是同一种化合物，在不同的实验条件下其保留时间也并不相同（气相色谱工作原理见图7.3）。

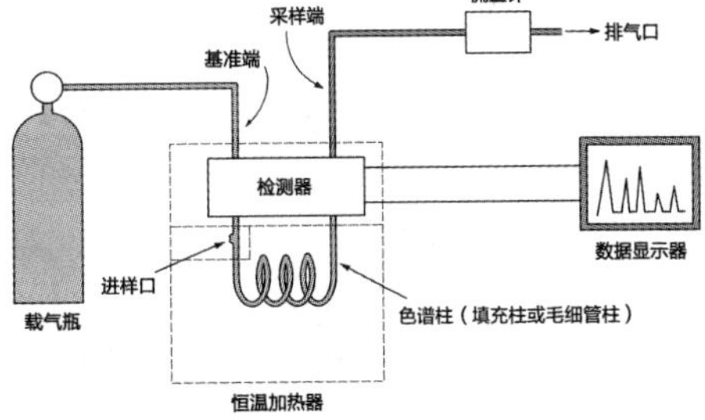

图 7.3 气相色谱工作原理（邓哲绘）

另外，伍斯先生还认为-OH基团决定了分子的极性和沸点。但是，影响分子沸点的因素很多，化合物基团仅仅是其中的一个因素。如正丁醇、异丁醇、仲丁醇和叔丁醇，分子式都是$C_4H_{10}O$，也都带有羟基-OH，只不过碳链结构和羟基位置不同，沸点就分别为117.7℃、108℃、99.5℃和82.42℃，相差极大。

事件回顾

为证明伍斯先生的专家意见并不可信，万慧达律师补充了证据14和证据15。证据14为工具书《溶剂手册》，其中二氯甲烷、四氢呋喃和乙腈这三种溶剂的词条，证明能同时被这三种溶剂溶解的物质有很多种；正丁醇、异丙醇、仲丁醇和叔丁醇的词条，用来证明影响分子沸点的并非仅为羟基。证据15为《液相与气相色谱定量分析使用指南》，证明物质在气相色谱中的停留时间受多种因素影响，不能作为鉴定物质的依据。

鉴定意见

迈图公司的证据55是上海市科技咨询服务中心出具的鉴定意见及附件。上海市科技咨询服务中心委托华东理工大学和华东师范大学的两位教授分别独立进行实验，对涉案专利酯化反应中IPGE和BIA的生成原理进行验证，并根据这两份实验结果出具鉴定意见。该鉴定意见的实验设计属于正交实验设计，在涉案专利涉及的反应物中挑选出部分具有代表性的物质组合进行实验，从而得出相关物质的生成原理。该鉴定意见的具体内容如下。

本实验中涉及的主要原料、中间体、产物的化学结构和简称如图7.4所示。

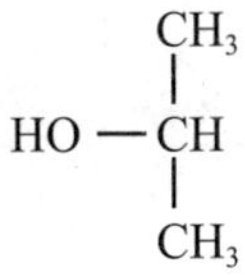

IPA

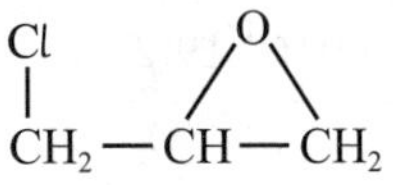

ECH

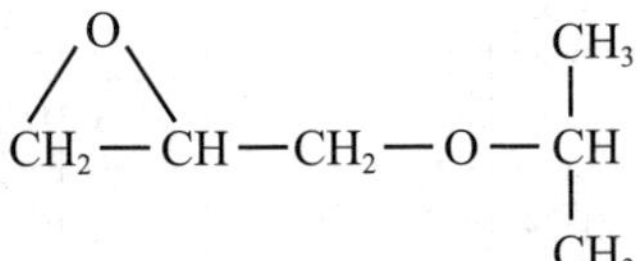

IPGE

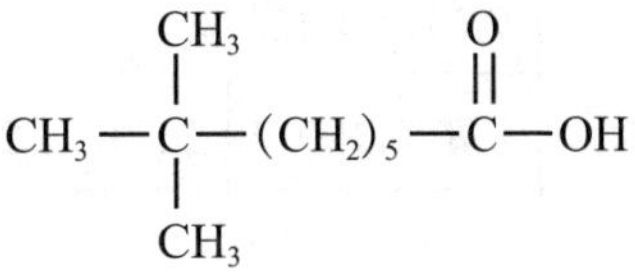

VA10

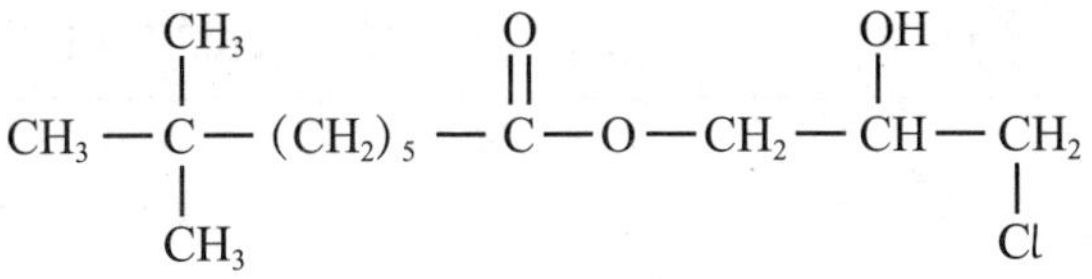

CH

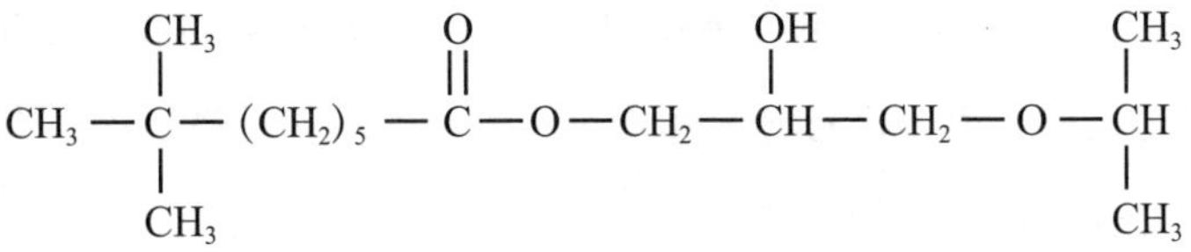

BIA

图 7.4 涉案化学物质

鉴定意见中的实验在100ml的三口烧瓶中进行，按照反应要求分别进行1~9#实验投料。投料完毕搅拌5min后取样进行气相色谱或气相色谱—质谱检测，然后在搅拌下加热升温至80℃反应2h，然后再次取样进行气相色谱或气相色谱—质谱检测。

该实验的各反应投料量如表7.1所示。

表 7.1 各反应投料量

实验	50% NaOH		IPA		ECH		VA10		IPGE	
	g	mol	g	mol	g	mol	g	mol	g	mol
1#	3.12	0.039	46.9	0.78						
2#	1.28	0.016	19.2	0.32	29.6	0.32				
3#	0.85	0.011	12.7	0.21			36.4	0.21		
4#	1.14	0.014					48.9	0.28		
5#	2.07	0.026			47.9	0.52				
6#	0.87	0.011	13.0	0.22					36.1	0.311
7#	0.94	0.012			21.7	0.24			27.3	0.235
8#	0.68	0.009					29.4	0.17	19.9	0.17
9#	0.61	0.008			14.1	0.15	26.2	0.15		

在上述给定的实验条件下，实验1#和实验3#~7#，在加热前后均未检测到IPGE和BIA生成。

实验2#中，加热前取样未检测到新物质生成；底物在80℃反应2h后，通过与已知样品比对，气相色谱和气相色谱—质谱检测到有IPGE生成，反应路径如图7.5所示。

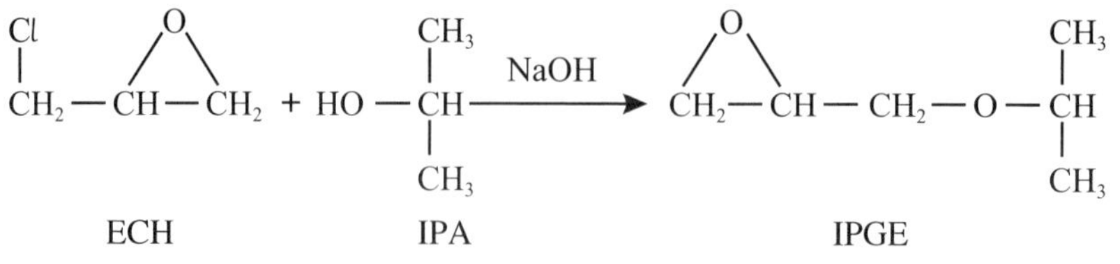

图 7.5 IPGE 的生成

实验8#中，加热前取样并未检测到新物质生成；底物在80℃反应2h后，根据气相色谱—质谱分析推测，有BIA生成，反应路径如图7.6所示。

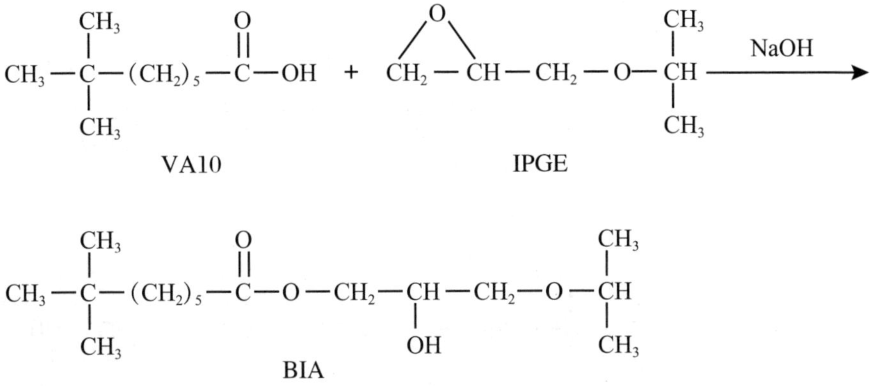

图 7.6 BIA 的生成

实验9#中，加热前取样未检测到新物质生成；底物在80℃反应2h后，根据气相色谱—质谱分析推测，有CH（氯代醇酯）生成，反应路径如图7.7所示。

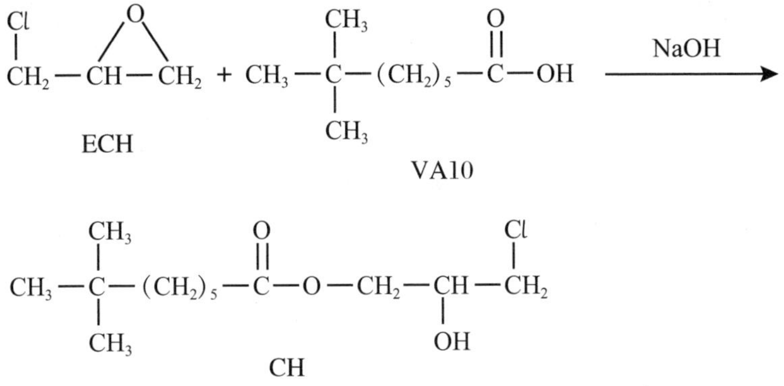

图 7.7 CH 的生成

本鉴定意见的最终结论为：

（1）根据上述实验结果，在涉案专利的酯化反应中，IPGE和BIA的生成原理如图7.8所示。

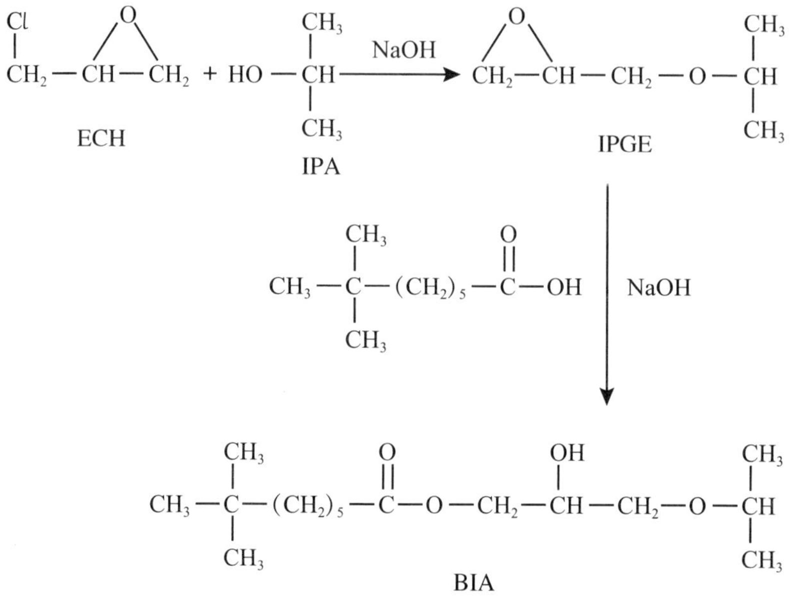

图 7.8 BIA 的生成路径

（2）根据酯化反应的化学原理及参加反应的反应物和反应条件，可以唯一确定推导出最终产物缩水甘油酯中分子量为288的物质必然是BIA。

抽丝剥茧

四友公司孙兰波董事长和万慧达律师对该鉴定意见进行了细致的分析和研究，一致认为其在内容和实验设计上存在严重问题，不能作为认定事实的依据。

首先，鉴定意见试图证明的内容是IPGE和BIA的生成原理，但该原理本身并不能直接证明使用专利方法就会在最终产物中含有这两种杂质。这好比是对某种抗癌药的作用机理完成了验证，但该药究竟是否有效，还得让病人服用看疗效。

其次，四友公司主张BIA的生成存在其他路径，迈图公司的鉴定意见也并没有排除其他路径中生成IPGE和BIA的可能性。涉案专利的四个步骤中都有新癸酸缩水甘油酯存在，但本次实验设计没有将该重要因素放入正交反应实验中，刻意回避了新癸酸缩水甘油酯是否会与IPA反应生成BIA的可能性。

再次，该鉴定意见的结论是建立在两份实验报告之上。不过两份实验报告中针对物质BIA的表述都是“推测”“可能为”，并不肯定。而鉴定结论中的表述则变成了“必然是”，完全缺乏依据。

实验报告本身也存在严重问题。两份实验在物质的结构确证上，没有提供特征性杂质的四大谱图，依然仅仅采用质谱这一种手段（质谱的工作原理如图7.9所示）。此外，质谱既没有标准图谱对照，也没有对图谱进行详细的解析。最不能接受的是，鉴定意见要证明分子量为288的物质必然是BIA，但两份验证报告中所谓的“BIA”都没有出现分子量为288的峰。

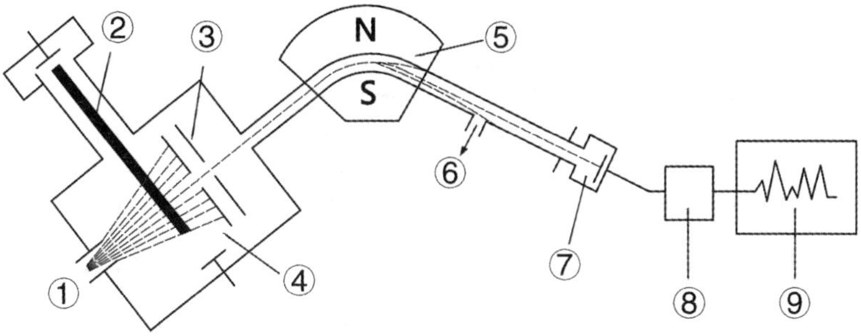

①样品分子；②电子束；③加速电极与狭缝；④离子源；
⑤扇形磁场；⑥抽真空；⑦检测器；⑧放大器；⑨记录器

图 7.9 单聚焦质谱仪结构示意图（邓哲绘）

还需要指出的是，在该鉴定意见中，气相色谱中所谓的“BIA”出现了十多个峰，意味着该物质至少存在十多种成分，并非单一物质。BIA不是单一物质的原因是反应原料新癸酸本身就不是单一物质，而是由α-碳原子上有支链的一系列癸酸的同分异构体所构成，故其最终生成的主产物新癸酸缩水甘油酯和副产物BIA里面都包含了多种物质。

由于新癸酸和BIA的成分比较复杂，故原告迈图公司在起诉状和鉴定意见中所写的这两种物质的结构式也并不一致，具体如图7.10所示。该鉴定意见中的“新癸酸”由于在α-位置上并没有支链，故实际上并不是α-羧酸。如果严格按照鉴定意见中的结构式，则该鉴定意见由于使用的物质不正确，和本案缺乏相关性。

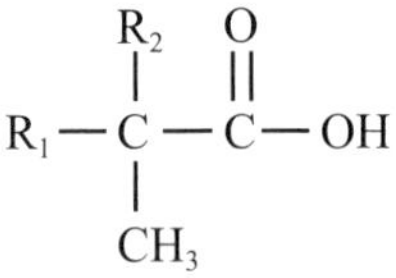

起诉状中的新癸酸

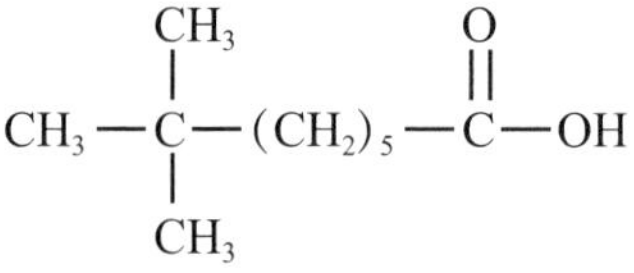

鉴定意见中的新癸酸

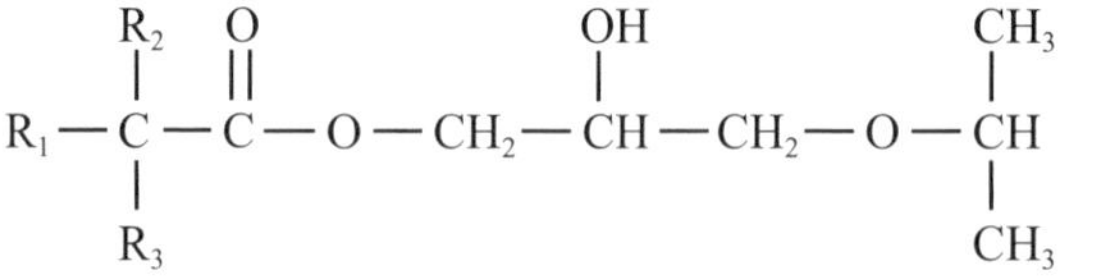

起诉状中的BIA

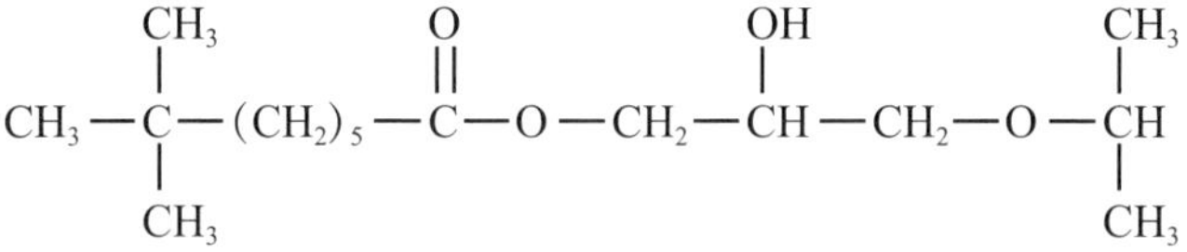

鉴定意见中的BIA

图 7.10 迈图公司提供的结构式

最后，实验报告中还存在试剂和仪器信息缺失、实验条件不严格、实验数据缺失以及实验数据冲突的问题。两位教授分别做的验证报告中各项反应条件相同，实验结果应当一致，但这两份报告中却存在众多冲突。这些冲突既包括实验结论矛盾，如相关物质在某个特定条件下是否会发生反应；也包括实验误差过大，如某些物质的产率存在数倍的差异，某些物质的含量偏差在20%以上。另外，双方采用的是同样的计算标准，发生误差的趋势应当一致，但很多实验结果误差在验证报告1中为负，在验证报告2中为正。

事件回顾

为了证明原告鉴定意见中所使用的物质并非α-羧酸，万慧达律师补充了证据16，即《化合物命名词典》《有机化学》等教科书，证明α-支链羧酸的结构。

为证明BIA的生成存在其他路径，万慧达律师提供了证据17和证据18。证据17是《辽宁化工》上的文章《脂肪族缩水甘油醚的合成与应用》，证明醇与环氧基在碱催化下反应形成内嵌醇。证据18是四友公司就新癸酸缩水甘油酯和异丙醇的反应实验，既然迈图公司用修正的化学实验向四友公司“投来一枪”，四友公司也必须用纯正的化学反应“回砍一刀”。

证据18用实验证明两点：第一，四友公司提供的新癸酸缩水甘油酯产品中不含有异丙醇和异丙基缩水甘油醚的类似物，以及分子量为288的物质；第二，异丙醇和新癸酸缩水甘油酯在碱催化下可以产生分子量为288的物质，证明迈图公司所主张的BIA存在第二种生成路径。

由于本案波谲云诡，极富戏剧性，孙兰波董事长建议笔者将整个故事撰写成书，书名就叫《化学攻防战》。孙兰波认为，本案不管四友公司最终胜诉还是败诉，都有必要留下详尽的记录，以供他人评说。

法律茶座：技术专家

本章讲述的都是技术方面的问题，没有化学基础的读者理解起来估计会非常吃力。在专利诉讼过程中，法官其实也会面临这样的难题。专利是对技术的法律保护，在专利案件中，技术事实的查明无疑是判案的重要基础。不过法官精通法律，但往往缺乏技术背景，查明技术事实难免有些“专业不对口”。为此，专利案件中往往需要技术专家参与。技术专家们的“出场方式”大致可以分为三种：第一，原被告双方单方聘请的专家；第二，对技术问题进行鉴定的鉴定专家；第三，法院聘请的技术专家。

原被告单方聘请的专家的法律称谓是“有专门知识的人”，也就是俗称的“专家证人”。不过，“有专门知识的人”实际上并不属于“证人”。证人具有不可替代性，了解事实真相的人如果只有一个，被灭口之后就不再有证人。“有专门知识的人”则不同，张教授如果不方便出庭，那么完全可以找具备同样能力的李教授出庭。当事人聘请的专家，一般立场都倾向于该当事人。专家实质上是站在当事人的立场上，就案件涉及的技术问题发表意见，故专家的表述被视为当事人的陈述。法官在是否采纳上也会“悠着点”，不会专家说啥就信啥。在本案中，来自荷兰的伍斯先生就是原告的专家证人，其开庭时发表的观点和庭后提交的专家意见就没有作为法庭认定事实的主要依据。

鉴定机构专家的法律称谓是“鉴定人”。针对同一技术问题，有资格的鉴定机构往往有好几家，具体选择哪家需要原被告协商确定。不过原被告一般都希望选择自己熟悉的鉴定机构，双方往往无法达成一致。此时，选择哪家鉴定机构就由法院确定。另外，虽然司法具有被动性，但中国的法院往往会充分发挥“主观能动性”。即使当事人未申请鉴定，法院如果认为对专门性问题需要鉴定，也会自行委托鉴定机构进行鉴定。

鉴定机构接受委托后，会就相关技术问题出具相应的鉴定意见。2012年《民事诉讼法》修改前，该报告被称为“鉴定结论”。这暗示着鉴定机构的观点就是最终结论，法官一般都会直接采纳。2012年《民事诉讼法》修改后，“鉴定结论”改为“鉴定意见”，意味着法官在是否采纳该意见上拥有了较多的自由度。不过，法官毕竟并不精通技术，一般情况下都会尊重鉴定意见的结论。如在本案中，虽然万慧达律师指出了鉴定意见中的诸多问题，但法院依然采纳了该鉴定意见。但是，如果鉴定意见中存在显而易见的重大缺陷，如鉴定人不具备鉴定资格、鉴定程序严重违法、鉴定意见内容不完整、鉴定意见不明确等，那么法官肯定不会采纳该鉴定意见。

另外，鉴定人并不是写完鉴定意见后就算“功德圆满”。鉴定意见的结论总是对一方当事人有利，对另一方当事人不利。不利的一方总会对鉴定意见百般“挑刺”，提出各种异议，此时法院就应当通知鉴定人出庭作证，回应当事人的质疑。如果鉴定人不出庭，则该鉴定意见就不得作为认定事实的依据。如在本案中，迈图公司提交了鉴定意见，但在2013年3月份开庭时，鉴定人并未出庭。在后面的一次庭审中，鉴定人才出庭接受了质询。

至于法院聘请的专家，其发挥作用的形式有多种，包括接受技术咨询、参与现场勘验、以专家辅助人身份参与庭审、担任人民陪审员或者技术调查官等。法院聘请的专家，属于法院的“自家人”，其意见基本上都会被采纳。技术调查官制度是2014年知识产权法院成立后的重要制度创新，本案在审理时还没有该制度。

此外，同一位专家，如果作为人民陪审员，则他对案件的法律问题和技术问题都可以发表意见。在三人组成的合议庭中，他的意见分量为33.33%。如果他作为技术调查官，则只会针对技术问题发表意见。一件案件的技术调查官一般只有一名，故他的意见就是100%。如果案件涉及交义学科，则可能有两位技术调查官参与。如果两位技术调查官的观点并不相同，那需要通过各种办法协调一致。

值得注意的是，根据最高人民法院《关于技术调查官参与知识产权案件诉讼活动的若干规定》第9条的规定，技术调查官所出具的技术调查意见并不对外公开。最高人民法院的解释是该意见并不属于证据，无须公开；如果意见被采纳，则在判决书中自然会公开；日本、韩国和中国台湾地区的立法中也有类似的规定。不过，有学者认为这种情况剥夺了当事人答辩的机会，有违公开审判原则。[5]

注释

1.《化学药物原料药制备和结构确证研究的技术指导原则》，指导原则编号：【H】GPH2-1，2005年3月，第18~21页。

2.参见上海市第一中级人民法院（2007）沪一中民五（知）初字第364号民事判决书；上海市高级人民法院（2013）沪高民三（知）终字第71号民事判决书。

3.参见南京市中级人民法院（2010）宁知民初字第500号民事判决书。

4.Hans-Joachim Kuss：《液相与气相色谱定量分析使用指南》，陈小明、唐雅妍译，人民卫生出版社2010年版，第252页。

5.张爱国："评技术调查意见的不公开——以民事诉讼法的基本原理为视角"，载《知识产权》2019年第6期，第16~24页。

08

不日再战，
针锋相对硝烟起

【提要】

2013年3月，本案第二次庭审。原被告双方根据双方新提交的证据，继续围绕新产品和“特征性杂质”这两个问题进行交锋。被告四友公司强调，原告迈图公司至今未证明按照专利方法生产的产品中存在所谓的特征性杂质，其通过杂质反推生产工艺的方法缺乏事实依据。第二次庭审结束两个月后，迈图公司提交了补充鉴定意见，试图弥补前一份鉴定意见中的缺陷，但补充鉴定的实验结果却直接和迈图公司原先的主张相矛盾。迈图公司主张IPGE和BIA只有在A步骤的酸性环境下才能生成，但补充鉴定意见却显示当体系变为碱性时，这两种物质才开始出现。

法庭回放

2013年3月26日下午，在第一次开庭5个月后，本案进行第二次庭审，审理内容是用专利方法生产的产品是否为新产品，以及存在IPGE和BIA杂质能否推出在步骤A中存在IPA。本次庭审除迈图公司代理人顾律师和荷兰专家伍斯先生未出庭外，其余人员都是上次庭审的原班人马。

庭审中，首先是迈图公司对补充的证据50~55进行说明。证据50~53为费用支出证据；证据54属于原告专家证人伍斯先生关于BIA测定方法的意见，重要性相对比较低；而证据55为鉴定意见，在技术事实的认定上至关重要。因此，万慧达律师对证据50~54以及上次未进行质证的证据39~44（即5份美国专利和1份期刊文章）并未过多纠缠，仅例行公事地发表了质证意见，而把主要焦点都放在对证据55的质证上。

被告律师：关于证据55，里面的技术鉴定意见书，真实性认可，不过所附的两份化合物生成原理的验证报告仅仅在封面上盖章，没有装订也没有骑缝章，其后面所附的相关产品的复印件采购合同、检测报告等都是复印件，故对验证报告的真实性不予认可。

法官：你们对鉴定意见的实质性意见是什么？

被告专利代理人：因为是原告单方面出具的，如果鉴定人能够出庭，报告更具有真实性，原告代理人在此澄清也可以。鉴定意见的实验结果得出实验结论，需要由原告解释。

法官：原告方是否需要鉴定专家到庭解释？

原告律师：关于鉴定意见的内容，我们在庭前向法庭作了说明，今天正好专家有出差任务与庭审冲突，我们也希望由鉴定专家来对这两份报告进行解释。

法官：你们的鉴定意见主要的目的是要证明什么？

原告律师：鉴定意见说明了IPGE和BIA的生成原理，要同时生成IPGE和BIA，需要同时存在IPA、ECH和新癸酸，只有步骤A符合此条件。

被告专利代理人：该鉴定意见仅仅是证明IPGE和BIA的生成原理，而本案中原告需要证明采用专利方法获得的最终产品中存在IPGE和BIA，而原告至今为止没有证明这一点。鉴定意见采用的方法也不是本专利的方法，给出的结论和本专利没有关联性。

法官：你刚才说到无法证明涉案产品中存在IPGE和BIA？

被告专利代理人：是的。原告分析报告中的样品来源不清，不知道其生产工艺，对这种产品所做的鉴定意见缺乏证明力，我们不予认可。

法官：你们证明有IPGE和BIA的是第几份证据？

原告律师：证据16和证据24。证据16第4页检测结论第3段中提到，被告的产品Shigena-10P和原告专利方法生产的产品Cardura™E10P中都检测出IPGE和BIA。证据24中也有同样的记载。

法官：被告方，你们把这两份检测报告的异议再陈述一下。

被告专利代理人：检测报告中使用的对照品是否为专利方法生产没有任何证据证明。原告首先需要证明专利方法生产的产品中存在这两种杂质，否则我们的产品中究竟是否检测出这两种杂质都和侵权判定没有关系。

法官：你对进行对照的产品有异议？

被告专利代理人：我们对被告生产的样品有异议。检测报告记载，参照品Cardura™E10P为迈图公司自己提供，样品说明为新癸酸缩水甘油酯，金属罐包装，没有任何证据证明该产品的生产工艺。证据16最后一页为样品和对照品，为玻璃瓶和塑料瓶包装。

敲黑板

在本案最初开庭时，被告四友公司就否认其生产的新癸酸缩水甘油酯中含有IPA、IPGE和所谓的分子量为288的物质，证据18又用实验的方式对此做了证明。遗憾的是，这个问题在前面的庭审中并没有作为焦点专门进行讨论。

另外，原告迈图公司也一直没有证明其主张的采用专利方法获得的最终产品中存在IPA、IPGE和BIA三种物质。在本次庭审中，四友公司代理人向法官又一次提出了这个问题，引起法官的重视。如果迈图公司不能证明这一点，则本案诉讼就没有存在的意义。此后不管是一审还是二审程序，法院都在催促迈图公司对此进行举证，不过直到最后迈图公司也没有完成举证。

法庭回放

对原告的证据质证完毕，接下来是原告代理律师对被告代理律师补充的证据12~18发表质证意见。在真实性方面，原告律师对证据

13（在国家食品药品监督管理局网站下载的《化学药物原料药制备和结构确证研究的技术指导原则》）和证据18（四友公司所做的验证实验）有异议，理由分别是缺乏原件和被告单方面出具。在关联性方面，原告律师对证据12（从国家图书馆复制的有关化合物结构确证的书籍）和证据13有异议。证据12、13是直接用来证明迈图公司仅仅通过质谱获得的分子量确定有机化合物不符合要求，原告律师认为证据13是关于化学原料药，而本案涉及的是涂料和油漆。虽然证据12、13所要证明的是分析化学领域的基本原理，但原告律师认为涉案化合物属于涂料和油漆领域，并不适用。

法官：被告确认证据13和证据18没有原件？

被告律师：是的。证据13是从国家食品药品监督管理局药品审批管理网站下载的，来源于国家政府网站，真实性应该被认可。我方也提供了网址，原告如有异议，可以自行下载对照。

法官：原告回去核实一下。

原告律师：好的。

法官：原告，上次庭审中涉及了关于新产品是否得到过相关部门的认证，你们当时表示要回去核实，现在核实情况如何？

原告律师：没有。

双方证据质证完毕，审判长宣布休庭10分钟。休庭结束后双方继续交锋。法官向原告迈图公司确认，生成IPGE和BIA，原料必须是环氧氯丙烷、异丙醇和一元羧酸三种物质都参加反应。

法官：涉案专利权利要求1中提到与水混溶的溶剂，权利要求9中明确其为异丙醇，溶剂是什么概念？

原告律师：在本专利之前的现有技术中，生产缩水甘油酯的方法已经存在。本专利加了溶剂，一元羧酸和环氧氯丙烷在溶剂存在下进行充分反应。

法官：溶剂是否参与反应？

原告律师：主反应不参与。IPGE和BIA是伴随主反应的副反应中生成。

法官：在权利要求的撰写中能否反应？

原告律师：没有明确记载，但是根据化学原理可以推导出来。

法官：被告方什么意见？

被告专利代理人：我们也认为异丙醇参与反应是推导的。溶剂的作用就是让参与反应的化合物充分接触，不参与反应（如图8.1所示）。

法官：你们认为溶剂不应该参与反应？

被告专利代理人：对。

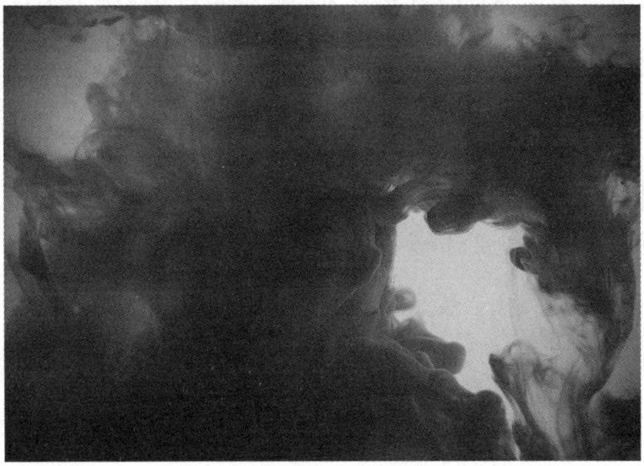

图 8.1 溶解（图片来源：Dreamstime / 图虫创意）

陪审员：主反应和副反应是怎么确定的？化学中一般的副反应会产生副产物？

原告律师：是的。

陪审员：异丙醇这个分子结构部分有没有进去？

原告律师：技术鉴定意见书有反应方程式，可以看出来是环氧氯丙烷和异丙醇反应，因此可以看出来异丙醇参与反应。在生产化学产品的时候，生成目标产物的反应是主反应。在进行主反应时，都会伴随着一系列的副反应。在化学反应中很难得到100%纯度的目标产物，必然含有一些杂质。主反应和副反应是伴随发生的，并不是排除关系。

双方意见发表完毕，审判长询问双方是否还有事实和证据补充。原告迈图公司和被告四友公司都没有新的事实需要补充，不过迈图公司表示后续还有新证据要提交，证明第一步加入IPA导致最终产物中有IPGE和BIA，四友公司随即提出异议。

被告专利代理人：我们有异议。对于这个焦点问题，法庭给了原告充分时间。上次开庭明确了焦点问题，告知原告就该焦点提供相应数据，法院还就举证期限给了延期。到今天庭审，原告还是要求延期提交证据，目的是什么？难道法院要给他无限期的时间去证明自己的目的吗？

法官：被告是否要提交证据？

被告专利代理人：对于该焦点我们不提交证据，这是原告要证明的，而不是我们。

迈图公司表示后续还有证据要提交，四友公司表示强烈抗议。迈图公司作为原告，财大气粗，专利诉讼旷日持久对他们明显有利。不过，四友公司却实在拖不起。从2012年到2013年上半年，四友公司受诉讼影响，客户订单持续流失，公司几近崩溃。到2012年11月，公司资金链已经断裂。然而天无绝人之路，四友公司在最后关头奇迹般地获得人民币900万元贷款，最终闯过那个“至暗时刻”。

证据质证完毕，合议庭经过评议，在迈图公司有可能进一步提交相应补充证据的情况下，进行一轮法庭辩论，双方就本案是否会发生举证责任倒置的情形发表意见。迈图公司认为已经进行力所能及的必要举证，且证据可以证明四友公司使用了专利方法，故举证责任应该转移给四友公司。四友公司则坚持涉案产品并非新产品，迈图公司也未证明特征性杂质存在，认为对本案不适用举证责任倒置。

双方意见发表完毕，审判长表示合议庭需要进行合议，根据合议结果另行通知双方本案的进程，当天庭审就此结束。

鉴 定 意 见

第二次庭审结束两个月后，迈图公司补充了证据56和证据57。其中证据56是上海市科技咨询服务中心出具的补充技术鉴定意见及研究验证报告，证据57则是代理费发票。迈图公司试图用证据56弥补前一份鉴定意见中的缺陷，证明特征性杂质只能在专利方法的A步骤中生成。不过可惜的是，补充鉴定中的实验结论却和迈图公司原先的主张直接矛盾。

补充鉴定所证明的内容是“对应于涉案专利的酯化反应，在开始反应时即加入IPA，反应过程中是否会生成IPGE和BIA”。具体实验操作如下。

依次称取6.95g异丙醇（0.116mol）、19.84g新癸酸（0.115mol）、10.72g环氧氯丙烷（0.116mol）和1.3g50%NaOH（0.0163mol）加入到100ml的反应瓶中，室温下搅拌5min后用一次性吸管吸取1ml该反应液作为实验10的样品备随后检测用，然后将反应液改为回流冷凝装置并于80℃下回流搅拌2h。随后用一次性吸管吸取1ml该反应液作为实验10.1的样品备随后检测用。取样后加入11.43g50%NaOH

（0.143mol），然后将反应液继续于80℃下加热回流（约15min后取回流液定性检测回流液中的组份）2h，用一次性吸管吸取1ml该反应液作为实验10.2的样品备随后检测用。最后分别称取样品及正辛烷于10ml的容量瓶中，用四氢呋喃定容至刻度线，摇匀，取样后经0.22μl滤膜过滤后进样检测。

实验结果显示，在实验10.2补加碱约15min的回流液经气相色谱检测，在10.25min出现新的信号峰，根据气相色谱—质谱以及之前的气相色谱—质谱和气相色谱结果对照，确认此处的信号为IPGE的峰。但在随后的实验10.2中IPGE的量会减少至检测不出。

该补充实验的结论包括：

（1）根据气相色谱—质谱新出现的分子量为［M+1］=229的质谱峰，结合反应物料和条件推测其结构可能为新癸酸缩水甘油酯；

（2）实验表明补加适量碱后，继续反应结束后有少量BIA和新癸酸缩水甘油酯生成；

（3）检测收集加热反应过程中的回流液，结果表明在开始加热阶段回流液中有IPGE存在，回流一段时间后至加热结束的回流液中都没有检测到IPGE，可以说明IPA和ECH生成IPGE的反应会发生，IPGE和VA10的反应生成BIA。

四友公司和万慧达律师在看到这份补充鉴定意见后，感觉迈图公司的举证已显示出颓势，胜利的曙光依稀就在眼前。

抽丝剥茧

在该补充鉴定实验中，IPGE和BIA的结构确证同样仅仅依靠气相色谱和质谱的信息确定，更难以接受的是BIA的质谱图居然一张都没有提供。不过本补充报告中最有意思的是实验结果直接和迈图公司的主张相矛盾。

迈图公司强调IPGE和BIA只能在专利方法的A步骤中生成，因为只有该步骤为酸性环境。在实验10.1中，新癸酸为0.115mol，远高于NaOH的量0.0163mol，反应体系呈酸性。不过，此时的实验结果显示并没有IPGE生成。由于没有IPGE，故同样也没有BIA生成。在实验10.2中，加入0.143mol的NaOH后，碱的量超过酸，反应体系呈现碱性。此时实验结果显示有IPGE开始生成，但随后会逐渐减少直至检测不出。

法律茶座：举证责任

在本次庭审中，原被告双方争辩的焦点依然是举证责任的分配。从民事诉讼过程具体举证责任承担的角度看，诉讼证明过程直观地反映了当事人双方举证的相互对抗。在一般情况下，民事诉讼中的争议事实采用“谁主张，谁举证”的基本原则，但在具体证明情境下也可能因“法官分配举证责任”而形成“举证责任转换”与“举证责任倒置”。[1]

在案件审判过程中，法官的主要工作就是认定案件事实以及准确适用法律。事实可以分为客观事实和法律事实两种。在司法证明活动中，客观事实是指在客观世界中发生的案件事实，法律事实指由证据证明的案件事实，属于经过人的主观活动明确或确认的案件事实。[2] 法官在判决中所认定的事实只能是法律事实。法律事实认定以证据调查为基础，法官只有在现有证据对待证事实的证明达到一定的确定程度时，才能认定该事实为真。[3]

在证明标准上，民事诉讼法解释规定，人民法院“确信待证事实的存在具有高度可能性的，应当认定该事实存在”。从中可以看出，中国的民事诉讼中，实行“高度盖然性”的证明标准。“盖然性”是指有可能但又不是必然的性质，即可能性，也就是统计学上的“概率”。高度盖然性则意味着概率比较高。有学者认为，“法官基于盖然性认定案件事实时，应当能够从证据中获得事实极有可能如此的心证，法官虽然还不能够完全排除其他可能性（其他可能性在缺乏证据支持时可以忽略不计），但已经能够得出待证事实十之八九是如此的结论”。[4] 有学者认为，如果用心证百分比衡量，至少应为85%。[5]

证明标准可以采用数学概率来表述也意味着可以采用统计学上的概率计算方式来证明案件事实成立的可能性。在过去几十年间，西方司法证明科学越来越多地关注证明过程的科学品性，如引入运用贝叶斯定理对事实判定者的认知过程加以量化。[6] 贝叶斯定理是一种以主观性为特征的数学概率理论，其根据要分析的问题原来的概率以及新的有关证据来计算该问题的概率，该理论给出了把先验的信息结合进去以及把新到的信息加进去的方法。[7]

贝叶斯定理的概率计算起来比较复杂，但可以举个简单的示例予以说明。某“铲屎官”发现自己放在厨房解冻的一大块熟肉不翼而飞，根据他的经验该肉有95%的概率进了“狗主子”旺财的肚里，于是准备举起棍子和旺财好好地讲一番道理。出于谨慎考虑，铲屎官决定搜集更多的“罪证”，让旺财无可抵赖。于是铲屎官像往常一样给旺财准备了晚饭，而旺财也一阵风卷残云地吃得干干净净。铲屎官清楚，如果旺财预先偷吃那块肉，晚饭还有好胃口的概率是2%。在平时情况下，旺财胃口好的概率则是99%。在新证据加入后，根据贝叶斯定理，旺财偷吃那块肉的概率一下子降低为27.74%，很有可能是清白的。[8]

$$P(\text{Guilty} \mid E) = \frac{P(E \mid \text{Guilty}) \times P(\text{Guilty})}{P(E \mid \text{Guilty}) \times P(\text{Guilty}) + P(E \mid \text{Innocent}) \times P(\text{Innocent})}$$

旺财有罪的概率：$P(\text{Guilty}) = 95\%$

旺财无罪的概率：$P(\text{Innocent}) = 5\%$

有罪而胃口好的概率：$P(E \mid \text{Guilty}) = 2\%$

无罪而胃口好的概率：$P(E \mid \text{Innocent}) = 99\%$

根据上式，旺财偷吃肉的概率为：$\dfrac{2\% \times 95\%}{2\% \times 95\% + 99\% \times 5\%} = 27.74\%$

从上述实例可以清楚看出，最终的概率值取决于先验概率的数值，但先验概率的取值存在较多的随意性，导致最终结果不确定。在民事诉讼中，双方经常会提交大量证据，若通过贝叶斯定理来计算则过于复杂，对缺乏统计学基础的司法者来说是不可承受之重。[9] 正因贝叶斯定理本身的局限性，中国的司法实践中基本不会采用该定理来认定案件事实，而是更多地根据自己的社会生活经验来认定案件事实。

实际上，我们在日常生活决策时也常常会不自觉地依照贝叶斯定理的相关原理，根据自己掌握的证据情况灵活调整对事实的认定概率。如妻子发现一贯准时下班回家的丈夫今天回家很晚，而丈夫前女友这几天也正好来这边出差。妻子如果仅凭借这两点证据就认定丈夫晚归是因为去见前女友，那很有可能会冤枉丈夫。不过细心的妻子想到一贯不注重打扮的丈夫今天早上特意打扮了一番，并且回来的时候身上还有香水味。综合这几项证据，丈夫出轨的概率就一下子提升，妻子据此向丈夫兴师问罪，要求对方老实交代理直气壮。然而，妻子如仅根据这些证据要求法官认定丈夫出轨已构成“事实”必然不够。

在民事诉讼中，情况也同样如此。随着双方证据质证情况的变化，法官对案件事实的心证强弱也会发生改变。在民事诉讼中，法官作出判决时要求达到“高度盖然性”，但在分配举证责任时的认定标准就没有这么高。如在前述的“丈夫晚归案”中，根据前述证据，法官通常就会分配举证责任，要求丈夫对晚归、打扮和香水味进行解释或者提供相关证据。如果丈夫解释说正装打扮是因为上午要去见客户，该证据不能直接推翻下班后是否见前女友的问题，但新证据的加入无疑降低了出轨可能性的概率。但是，如果有证据证明丈夫上午根本就没有见客户，则“丈夫撒谎”作为新的事实加入，法官会认为丈夫去见前女友的可能性因此而增加。

同样，在专利诉讼中，也适用这样的规则。如在“一种改性木浆的生产工艺”专利侵权案中，最高人民法院认为，在产品制造方法专利侵权案中，由于产品的制造方法往往只有被诉侵权人知道，一律要求专利权人对被诉侵权人的制造方法进行举证，确有困难和不公，不利于案件事实的查明。为平衡双方利益，在专利权人能够证明被诉侵权人制造了同样产品，经合理努力仍无法证明被诉侵权人确实使用了该专利方法，根据案件具体情况，结合已知事实及日常生活经验，能够认定该同样产品经由专利方法制造的可能性很大的，法院可以根据《最高人民法院关于民事诉讼证据的若干规定》中第7条的规定，将举证责任分配给被诉侵权人，不再要求专利权人提供进一步的证据，而由被诉侵权人提供其制造方法不同于专利方法的证据。[10]

注释

1.胡学军："我国民事证明责任分配理论重述"，载《法学》2016年第5期，第38～50页。

2.何家弘："论司法证明的目的和标准——兼论司法证明的基本概念和范畴"，载《法学研究》2001年第6期，第40～54页。

3.吴泽勇："中国法上的民事诉讼证明标准"，载《清华法学》2013年第1期，第73～88页。

4.李浩："民事诉讼证明标准的再思考"，载《法商研究》1999年第5期，第19～21页。

5.霍海红："提高民事诉讼证明标准的理论反思"，载《中国法学》2016年第2期，第258～279页。

6.卞建林、王佳："西方司法证明科学的新发展"，载《证据科学》2008年第2期，第129～137页。

7.徐昕："事实发现的效率维度——以波斯纳《证据法的经济分析》为解读文本"，载《开放时代》2002年第4期，第107～116页。

8.[美]罗伯特·L. 索尔所等:《认知心理学》（第七版），邵志芳等译，上海人民出版社2008年版，第396～398页。

9.卞建林、王佳："西方司法证明科学的新发展"，载《证据科学》2008年第2期，第129～137页。

10.参见最高人民法院（2013）民申字第309号民事裁定书。

09

连珠盘问，以攻代守曙光现

【**提要**】

2013年12月3日，本案进行最后一次庭审，主审法官因故改为王法官担任。在本次庭审中，迈图公司的技术专家伍斯先生以及两份鉴定意见的鉴定人曾教授都有出席。在庭审中，四友公司孙兰波董事长和笔者对迈图公司的专家进行了连珠炮式的盘问，迫使对方承认BIA的合成存在第二种路径，仅通过分子量来确定未知化合物远远不够。本次庭审之后，胜利的天平逐渐向四友公司倾斜。

法 庭 回 放

2013年12月3日，本案进行最后一次庭审。四友公司的出庭人员依然是铁打的五人组（杨颖、杨敏锋、廖晓荣、孙兰波和王永军），迈图公司的三位代理律师（黄律师、张律师和顾律师）、技术专家伍斯先生以及两份鉴定意见的鉴定人曾教授也都出席了庭审。不过，赵法官因故不再担任主审法官，改由王法官担任本案主审法官。

本次庭审的主要争议依然是被控侵权产品中是否存在前述两种特征性杂质，以及在杂质存在事实成立的情况下，能否认定四友公司使用了涉案专利方法的步骤A，也就是在生产被控侵权产品的反应第一步添加了溶剂IPA。由于迈图公司申请了技术专家和鉴定专家出庭作证，故先由技术专家伍斯先生进行陈述，担任翻译的依然是上海上外翻译总公司的邹先生。

伍斯先生本次的陈述和上次相同，不过更为详细，依然携带了PPT。伍斯先生强调只有在A步骤才存在游离态的酸，满足IPGE和BIA的反应环境。至于该观点和鉴定意见的实验结果相矛盾，伍斯先生并未予以考虑。针对四友公司提出的可在水解阶段加入IPA去除水解氯的观点，伍斯先生认为没有必要，因为该证据所涉及的是环氧树脂的制备，环氧树脂容易和自身反应导致黏度提高，故需要使用IPA

去除水解氯，而涉案专利中并不存在这个问题。伍斯先生认为如果加入IPA，则还需要在后续步骤中去除，不符合逻辑。针对四友公司主张BIA可以在碱性条件下由IPGE和新癸酸，或IPA和新癸酸缩水甘油酯反应生成，伍斯先生认为由于D步骤中温度低，氢氧化钠含量不足，故不可能生成。

伍斯先生陈述完毕，迈图公司代理律师先对其进行提问，对相关问题再予以明确。伍斯先生再次确认在最终产物中发现IPGE和BIA，就可以断定在步骤A中使用了IPA，而在步骤D中使用IPA不会导致这两种物质生成。此外，在步骤D中加入IPA在工业上也不符合逻辑。

法庭回放

原告迈图公司的代理律师提问完毕，由被告四友公司孙兰波董事长对伍斯先生进行提问。

孙兰波：是不是只有在步骤A中添加IPA才会产生IPGE和BIA?

伍斯先生：是这样的。

孙兰波：你怎么知道我们在商业化生产中使用了这个生产方法?

伍斯先生：基于之前的听证。

孙兰波：在D步骤中加入IPA无法形成IPGE和BIA是实验的结果还是理论的推论?

伍斯先生：无论是实验还是理论，步骤D都没有IPGE和BIA的反应条件。

孙兰波：是理论还是实验的结果?

伍斯先生：理论和实验都证明了。

孙兰波：没有看到实验。

伍斯先生：没有带实验报告。

敲黑板

根据中国法律，伍斯先生为荷兰人，如果他在自己国家做过验证实验，则属于在国外形成的证据，需要履行公证认证手续。另外，实验报告如果是外文，还需要翻译为中文。该报告如果要作为本案的证据，需要履行的程序比较复杂，花费的成本也不低。实际上，本案迈图公司的索赔金额超过千万元，已花费的律师费也超过百万元，成本应该不是问题。本案中迈图公司所使用的鉴定意见遭到四友公司强力质疑，证明力摇摇欲坠。在这样的关键时刻，如果还将重要的实验报告藏着掖着，笔者很难理解。也许实际上伍斯先生并没有在国外做验证实验，或者该实验报告的结论对迈图公司不利。

法庭回放

孙兰波：你谈到的美国专利，加入IPA作为溶剂参与去除水解氯，是理论构想还是实验的结果？

伍斯先生：在美国工艺中是显示，在我们的工艺中没有用处。

孙兰波：如果一个工艺在A步骤中ECH没有过量，就不需要存在C步骤。假如在D步骤中加入IPA帮助脱水解氯，这时候有ECH和缩水甘油酯存在，从理论上讲会不会产生IPGE和BIA？

伍斯先生：IPGE和BIA都是缓慢生成的，非常耗时，之所以产生是IPGE经过累积达到一定浓度，即使有IPGE，时间不够也产生不了BIA。另外还要有游离酸，在D步骤中没有游离酸。

孙兰波：如果在D步骤中，在反应结束后把ECH和IPA两个一起蒸除，几次循环也会累积，这种情况下是否也会产生IPGE？

伍斯先生：如果能循环也会。

孙兰波：我们只是回流，不是回到A步骤开始，是在D步骤，把ECH和IPA放在一边，重新加入，这时候会不会产生IPGE？

孙兰波盘问至此，迈图公司律师发现节奏似乎已经被孙兰波掌控，伍斯先生居然承认在D步骤有可能生成IPGE，连忙阻止了伍斯先生的发言。迈图公司律师认为使用新癸酸来形成新癸酸缩水甘油酯，需要蒸除环氧氯丙烷，四友公司将步骤C省略，脱离生产常识，再讨论并没有意义。孙兰波的提问虽然被打断，但基本目的已经达成，接下来笔者作为被告代理律师对伍斯先生进行询问。

被告律师：专家提到可以通过色谱仪当中的停留时间来诊断出具体的物质？

伍斯先生：是的。

被告律师：质谱能够提供检测物质的哪些信息？

伍斯先生：质谱仪可以对化合物的分子式和分子量进行测定，对化合物组份进行测定。不是准确的化学式，只是分子量。

被告律师：测定BIA的时候，你提到BIA可以被直接检测到，如何排除其他物质的干扰？

伍斯先生：这个实验精确度很高，被其他物质混淆是几乎没有的。

被告律师：在本案中你们是通过什么方法来确定BIA的确切结构？

伍斯先生：核磁、红外以及化学功能比对。

敲黑板

伍斯先生先是认为质谱可以测定化合物的分子式和分子量，不过随后改变了观点，认为只能测定分子量。另外，伍斯先生主张迈图公司在本案中通过核磁、红外以及化学功能比对的方式来确定BIA的结构。不过在本案的一审和二审程序中，四友公司从来没有看到BIA的核磁和红外图谱，也没有看到BIA的化学功能比对。

法 庭 回 放

对伍斯先生的询问结束后，法院请出具鉴定意见的鉴定专家曾教授出庭，就涉案的两份技术鉴定意见当中所述的IPGE和BIA的生成原理进行陈述，并接受原被告双方的询问。

曾教授的意见在前后似乎有点矛盾。他在陈述意见和接受迈图公司律师询问时先是表示，IPGE可以从ECH和IPA得到，BIA在整个工艺过程中只能由IPGE和羧酸进行反应得到。只有在专利方法描述的A步骤中加入IPA，才能在最终的产品中得到BIA。不过他在后面又提到，缩水甘油酯有环氧基团，很可能和IPA开环得到BIA杂质。当然他同时强调，新癸酸缩水甘油酯为液体，在D步骤中用IPA进行提纯不符合常理。涉案专利的目的是生产出产品，而纯化后又会把产品破坏掉，并不可取。

迈图公司律师询问结束后，由笔者代表四友公司对曾教授进行询问。

被告律师：实验10.1没有生成IPGE和BIA，是吗？

曾教授：反应1中没有检测到。

被告律师：实验10.2，出现了IPGE，也就是说在酸性环境下没有出现，在碱性环境下出现了？

曾教授：没有酸。实验10.1和实验10.2都是碱的条件，只是弱碱和强碱的不同。

被告律师：按照你的理解，生成IPGE和BIA就是需要IPA和ECH在碱性条件下反应？

曾教授：在碱性的条件下，寻找到IPGE的来源。

被告律师：实验设计10.1和实验设计10.2是不是对应了专利方法权利要求1中的步骤A和B？

曾教授：我们只是在步骤A中检测到IPGE，步骤A中并不表明说没有生成IPGE或者说生成IPGE的量很少，我们力求检测到，故检测回流液。权利要求书的步骤A、B只是列举了范围。

被告律师：权利要求1是开放的范围，涉及众多的物质，你做的是确定的物质，是否落在范围内？

曾教授：也不能这么说，涵盖在步骤A、B中。工业生产和小规模验证，相对来说是特征反应，所以我们做了实验10.2。

被告律师：是不是涵盖在权利要求1的保护范围内？

曾教授：可以这么说。

敲黑板

经过四友公司的询问，曾教授明确承认实验10.1和实验10.2符合专利权利要求1的保护范围。让四友公司非常欣慰的是，曾教授认为实验10.1和实验10.2都是碱性条件，这与迈图公司所主张的IPGE和BIA都只能在酸性条件下生成直接矛盾。当然，曾教授的观点值得商榷。在实验10.1中，新癸酸的投入量是0.115mol，远高于NaOH的量0.0163mol，体系必然呈酸性。

法庭回放

本案主审法官王法官此时也向曾教授提问，要求曾教授解释为何涉案专利权利要求中明确要求羧酸和卤素取代的单环氧化物的摩尔比是1：2~20，实验操作中使用的羧酸和ECH却为1：1。曾教授回答IPGE的生成必须有ECH，把ECH降到等摩尔的环境下，是为了看能否检测到IPGE。只要能检测到IPGE，就说明IPA和ECH是在前期加入的。

王法官的询问结束后，笔者作为被告律师继续对曾教授进行询问。

被告律师：补充鉴定意见的结论3说明了BIA的生成原理，这是不是唯一的生成路径？

曾教授：这是一个专业的问题。如果说生成BIA的唯一路径是由IPGE和一元羧酸生成，是说不通的。BIA的分子式两端分别是酯和醚，从酯的阶段切，就是新癸酸和IPGE反应得到BIA；从醚的阶段切，就是新癸酸缩水甘油酯和IPA反应。把生成的东西引入杂质，从常规上讲不可取。实际上，如果IPA是在前期加入的话，是一种路径；在后期加入的话，则是另一种路径生成（见图9.1）。

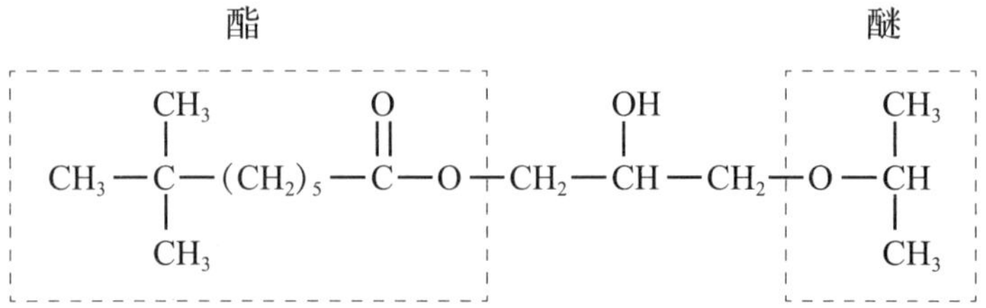

BIA

图 9.1　BIA 分子的两个断裂点

被告律师：你在整个实验中采用的各项反应物质是否跟前面画出物质的结构式是完全一致的？

曾教授：新癸酸是混合物，我们默认这么表达。

被告律师：BIA的结构是哪一个？

曾教授：我们是用新癸酸来表述的，特征性杂质是羰基右边的部分。新癸酸本身是混合物，BIA也是混合物，化学成分有10多个，以最主要的成分来表述。

被告律师：鉴定意见中的新癸酸是特定的物质，实际使用的是混合物，并不对应。因此，特征性杂质的结构和你们实际使用的并不一致，这份鉴定意见与本案缺乏相关性。实验10.1的检测结果没有检测出IPGE和BIA？

曾教授：是的。

通过笔者的这部分询问，曾教授承认BIA为混合物，存在十多种组份。万慧达律师强调这点是希望向法院表明，对于成分这么复杂的物质，仅依靠质谱中的分子量来确定显然远远不够。此外，曾教授也明确承认BIA存在两种生成路径，验证了四友公司孙兰波的技术观点是正确的。

这部分询问结束后，笔者的询问暂时告一段落，由四友公司孙兰波对曾教授进行询问，双方在IPGE和BIA是否是在碱性环境下生成进行了激烈争辩。

孙兰波：实验10.1对应的是步骤A，并没有检测出IPGE。

曾教授：没有检测到并不代表不存在。

孙兰波：实验10.1对应专利步骤A，并没有检测出IPGE和BIA。实验10.2中碱过量，为酸的130%左右，此时出现了IPGE，后面产生了BIA，是不是这个情况？

曾教授：不是这样的，很多情况下，在某些条件下量很小，我们就强化它。

孙兰波：一旦出现了游离碱，反应体系中才会出现IPGE。实验10.1中并没有产生IPGE和BIA已经否定了原告所主张的只有在步骤A中才能产生IPGE和BIA。

法官：被告，实验报告的结论你们认可吗？

孙兰波：看在什么时候加的IPA。最初加IPA就是原告主张的那条路，在后面加的话，就是另一条路，实验报告的结论3说是唯一路径并不全面。另外，这份实验的结果否定了原告特征性杂质的主张，因为在A步骤中实际上并没有IPGE和BIA生成，这两种物质是在步骤B及之后的碱性环境下生成。

曾教授：实验10.2加热回流初期检测到一定量的IPGE，没有否认在步骤A没有生成IPGE，而是在步骤B产生。被告说不是在步骤A产生，摩尔数不一样，酸和碱也不一样，我们需要进一步验证。

孙兰波：本实验和物质的摩尔比没关系，实验10.2和实验10.1的区别就是碱过量。添加过量碱之后，经过15min后IPGE和BIA就出现了。

在孙兰波的凌厉询问下，曾教授居然回应说在实验中没检测到并不代表不存在。如果曾教授的这个观点成立，那四友公司就完全可以说任何一种新癸酸缩水甘油酯产品中都存在IPGE和BIA，只不过没检测到而已。按照这样的逻辑，迈图公司的所谓特征性杂质就变得毫无意义。

孙兰波和曾教授的交锋结束后，笔者接下来对鉴定意见在技术细节上的各个矛盾和疏漏之处向曾教授进行连续询问。作为典型的处女座，笔者个人对鉴定意见中存在的众多漏洞实在有些忍无可忍。

被告律师：曾教授，你在鉴定验证报告中对物质的表述都是“可能为”，鉴定结论则变成“必然是”，从不确定到确定并没有给出理由。

专利反应物提到的是α-支链羧酸，验证报告中使用的却不是α-支链羧酸，两者不相关。另外，在物质的量计算的时候，验证报告1中每次各项物质的检测质量m_i都没有列出，样品新癸酸、氯代醇酯、BIA和缩水甘油酯在气相色谱中的峰面积都没有列出。

教授说实验10.2为强碱性环境，但检测到了新癸酸，强碱性环境下不可能检测到酸。

关于BIA的鉴定，教授的实验是通过质谱来确定物质的结构，但没有一张谱图显示生成了分子量为288的物质。在教授的整个报告中，关于鉴定BIA的方式，验证报告1中的实验提到加热29~32min出现了12个峰，但只提供了7张质谱图。报告声称对质谱图进行了解析，但教授没有说明其解析的是哪张或哪些质谱图，是怎么进行解析的，更没有提供标准谱图进行比对。验证报告2中也是同样的问题。补充报告中也提到了BIA，教授说是根据此次的气相色谱—质谱与之前的气相色谱—质谱进行对照，确定是BIA。不过教授在补充报告中没有提供质谱图，更没有和前面的图谱进行比对。

关于IPGE的鉴定，涉及实验2和实验10。验证报告1中确定IPGE的方式是气相色谱中的保留时间和前面的标准品接近。不过标准品的保留时间是6.148min，而这里是6.23min，存在明显差异。教授说判断方式是气相色谱—质谱的图谱匹配，但只给出了1张谱图，未说明该谱图是标准谱图还是检测谱图，谱图之间的相似性也未提及。更重要的是这张谱图和验证报告1中对应的那张明显不同。在补充报告中也提到了IPGE，说是根据和前面实验的气相色谱—质谱的谱图比对，但并没有提供质谱图，更没有进行比对。

总而言之，检测手段仅通过质谱确定结构远远不够。另外，从实验结果和解析的过程来说也存在众多遗漏，不能支持你们的观点。

在物质的量计算方面，本实验报告是通过计算色谱的面积来确定，涉及三个重要的参数，即每次检测的样品质量m_i、样品的峰面积A_i、各种物质的相对校正因子f_i。在验证报告所涉及的实验中，各个样品的前述参数存在多处遗漏。

实验结果中也存在矛盾。如实验2，第一组的实验显示在常温下不反应，而第二组的实验却是常温下反应。还是实验2，第一组的IPGE含量为0.7，第二组为2，收率接近前者的3倍。实验6同样都是反应物减少，但第一组的结论是没有未知物生成，第二组的结论则是有未知物生成。实验8，第一组物质的总量是72.3，误差−27.7%，BIA收率4.5%；第二组实验BIA收率为27%，是前者的6倍。实验10.2，加热后物质的量是30.5，误差−69.5%，这样的结果实在让人无法接受。

第一份的验证报告，专利方法中的反应物是新癸酸和环氧氯丙烷，异丙醇是溶剂，验证实验中异丙醇是主反应物，和专利方法不一致。另外，专利方法的步骤A中反应体系为酸性，验证实验多为碱性。这两份验证报告，是你自己动手做的实验和检测吗？

针对笔者这一串连珠炮式的质疑，曾教授似乎显得有些措手不及。庭后听人说，曾教授拿笔记录的那只手都似乎有点发抖。当然，这很可能是因为需要记录的内容比较多的缘故。这两份鉴定意见，四友公司和万慧达律师早已反复研究多日，对里面的各个细节都了若指掌。庭上十分钟的质疑，庭下就是一个星期的辛苦工作。

法庭回放

由于笔者提出的质疑数量众多，主审法官让曾教授就主要问题进行回应。如果需要，可以回去整理以书面的形式提交。

曾教授：作为教授，一部分实验是我参与的，另一部分实验是我的博士生做的。样品的采购、准备实验和配料，我都参与。实验的时候我在边上看，报告是学生写的，我审核校对。你说要我亲自做，我打60分。

前期的报告是华东师大的汤教授和我分别做的，后期的补充实验是我单独做的。关于前期实验，从客观角度说两个人在不同的地方做实验，10个学生做10个实验不一样，但不能说实验结论不对。如果你认为当中的数据和表述方法有一些客观性的瑕疵，我觉得可以理解。

关于基本概念，我个人认为，酯可以在碱性条件和酸性条件下生成，醚也可以。两个教授重复的条件，只是很小的部分，得出让人明白的道理，我觉得就是验证的目的。

新癸酸和α－支链酸是常见的脂肪酸，工业界有叫学名也有叫俗名的。由于是混合物，没有明确的组份，就告诉你是这个东西。一般情况下就是个统称。

关于样品新癸酸、氯代醇酯和BIA，用质谱确定远远不够。在有对照品的情况下，保留时间一致可以基本认定是这个东西。对方一定说要标准的图谱比对，买到标准样品就可以请分析检测单位的人帮我们做标准图谱。本身就不是单一的物质你让我对照谱图比对，我做不到，更不要说专业的具有计量验证资格的单位。

我们为什么要设计实验2，是为检测IPGE在哪个阶段生成，需要实验验证。有些东西我需要回去做补充性验证。

曾教授的回应，实际上承认了实验中存在众多的疏漏，但坚持这些疏漏并不能否定鉴定意见的效力。另外，曾教授也明确承认，仅仅通过质谱来确定物质远远不够，尤其是在BIA属于混合物的情况下。

曾教授的发言结束后，迈图公司表示需要进行书面回应，法庭要求原告一周内提交书面意见。

法庭回放

由于本案主审法官有变化，故接下来四友公司对本案的基本情况重新作了一次整体陈述，基本观点和前期开庭的表述一致，这里不再赘述。法庭也对本案涉及的部分重要事实，向原告进行了询问。随后，法庭认为经过三次开庭，基本事实已经清楚，法庭调查到此结束，下面开始法庭辩论。

法庭认为双方的争议点主要在于两点：第一，原告起诉所主张和举证的现有证据能否证明被控侵权产品的生产方法落入专利权利要求1、9的保护范围，如果侵权成立，两被告承担什么责任。第二，原告现有证据能否证明被控生产方法生产出来的产品是新产品，被控生产方法可能使用了原告专利的生产方法导致举证责任倒置。而且，在本案中被告以涉及商业秘密为由拒不提供生产方法的情况下，是否可由法院直接作出侵权与否的认定。

先是由迈图公司的三位律师依次进行发言。张律师的发言集中在争议焦点一上，认为依据现有证据可以证明被告使用了涉案专利，基本理由和原告前面的陈述一致。关于在实验10.1中没有检测到IPGE和BIA的问题，张律师和曾教授的观点一致，认为在化学上来讲，没有检测到不等于没有生成。本专利的各个实验步骤本身是一个连续的反应过程，IPGE和BIA的数量也存在一个逐渐累积的过程。

顾律师的发言围绕着本案原告是否已经完成了举证责任展开。顾律师认为涉案专利方法生产的产品为新产品，适用举证责任倒置。迈图公司提供了检测报告，申请鉴定人出庭，已经尽最大可能履行了举证义务。迈图公司申请了证据保全，但四友公司拒不配合，应当由其承担不利后果。根据最高人民法院的司法解释，应当推定被告构成侵权。

黄律师通过一个在先案例对顾律师的观点进行了补充，认为在苏州市中级人民法院的一个在先类似案例中，法院适用了举证责任倒置。本案同样适用该规则，由四友公司进行举证。如果四友公司认为需要保护商业秘密，可以签订保密协议，四友公司以保护商业秘密为由拒不提供证据不是法定的理由。

迈图公司的意见发表完毕，接下来由四友公司发表意见。被告专利代理人杨颖认为，涉案专利方法生产的不是新产品，不适用举证责任倒置。原告通过所谓特征性杂质进行反推产品制造方法不能成立，其作为证据的鉴定意见全都存在严重的错误和矛盾，无法作为认定案件事实的依据。庭审中已经确定，IPGE和BIA的生成存在其他路径。四友公司的生产工艺没有落入涉案专利的保护范围。

孙兰波也慷慨陈词，认为原告提起诉讼的目的就是试图获得四友公司的制造工艺。涉案专利方法涉及的不是新产品，所谓的特征性杂质在专利方法的A步骤中也没有生成，不适用举证责任倒置。

笔者则认为，既然原告主张检测不出不代表没有，那根据该逻辑，迈图公司在非专利方法生产的产品中没有检测出IPA、IPGE和BIA，也并不能说在该产品中就没有这三种物质。迈图公司主张的特征性杂质BIA，起诉的时候说是具有特定结构的物质，庭审时专家表示是混合物。从目前证据来看，迈图公司连特征性杂质是什么都没有明确证明，更不用谈检测手段。迈图公司的检测手段不符合科学要求，结果存在矛盾，数据存在遗漏、缺失和错误。凭迈图公司目前的举证，其主张没有合法依据，四友公司不需要承担任何举证责任。

原被告双方的意见发表完毕，法庭辩论结束。由于本案原被告双方都没有调解意愿，合议庭在询问双方对本案的最后处理意见后，宣布将择日作出判决。

至此，本案审理到此结束，双方静等法院判决。

法律茶座：在先案例

本次开庭中，迈图公司律师提到了苏州市中级人民法院的在先案例，即亚什兰案[1]，希望法院参照该案例，同样判决四友公司构成侵权。亚什兰案与本案存在众多相似之处，包括：第一，所涉专利同样为方法发明专利，亚什兰案所涉及的专利为“水包水型聚合物分散体的制造方法”；第二，利用涉案专利方法制造的产品同样不属于新产品；第三，原告申请法院采取证据保全措施，但同样并未获得被告完整的生产工艺。

不过，亚什兰案和本案存在至关重要的两点区别：第一，在亚什兰案中，被告魏某某及瑞普公司的主要技术人员均系原告天使公司工作人员，有机会接触到涉案专利方法的完整生产流程；在本案中，并不存在被告的技术骨干来自原告的情形。第二，在亚什兰案中，被告虽主张其生产工艺中某些物质的添加方式和含量与涉案专利技术方案不同，但在法院释明的情况下仍拒绝提供相应证据予以佐证；在本案中，四友公司充分证明了迈图公司所主张的特征性杂质还存在其他的生成路径，并不存在唯一性。

由于亚什兰案和本案存在实质性差异，故苏州市中级人民法院的最终判决也截然不同。在亚什兰案中，苏州市中级人民法院认定被告使用专利方法生产完全水性聚合物浓缩液的可能性较大，在被告未提供进一步相反证据的前提下，根据案件具体情况认定被控侵权技术方案侵犯了涉案专利权；在本案中，法院认定原告未完成举证，也不存在需要被告四友公司举证的情形，最终判决迈图公司败诉。

迈图公司以亚什兰案为依据，请求法院作出相同的判决，本质上涉及在先案例对法院的审判是否具有拘束力的问题。中国属于成文法国家，法院在审判活动中所适用的主要是全国人民代表大会及其常务委员会制定的法律、国务院制定的行政法规、最高人民法院颁布的司法解释以及地方人民代表大会及其常务委员会制定的地方性法规等，在先案例并非法律渊源。不过，基于“同案同判”的要求，司法先例在法院的审判活动中所起的作用日益提升。由于“科技发展日新月异，知识产权领域的新问题迭出。而知识产权法本身又多采用概括式立法方式，进一步暴露了知识产权法的缺陷，使得法官时常陷入进退维谷的尴尬境地”。[2] 为此，在知识产权领域，通过在先案例来指导审判的需求比其他领域更为强烈。

中华人民共和国成立以来，最高人民法院一直重视案例指导工作。《最高人民法院公报》《人民法院案例选》以及《中国审判案例要览》上刊登的案例，都对法院的司法审判工作起到不同程度的指导作用。2010年11月26日，最高人民法院发布《关于案例指导工作的规定》，要求各级法院应当参照指导性案例审理类似案件，标志着中国特色的案例指导制度正式成立。[3] 截至2020年1月14日，最高人民法院共发布24批139件指导案例，其中知识产权指导案例22件。

这100多件指导案例所覆盖的案件范围比较有限，无法为法院审判新型疑难案件时提供充分的指引。鉴于此，有学者认为应当“构建一元多层级案例指导制度”，及“建立以指导性案例为核心，各高级法院发布的参考性案例为基础，辅以公报案例、最高人民法院各审判业务部门审判参考案例等多层级案例为补充的案例指导体系。其中，一元是指在案例指导制度体系中，只有指导性案例是司法解释明确规定具有‘应当参照’的准法源性的案例，是案例指导制度体系的核心，其他案例在指导性案例的统领之下，不得与之背离”。[4]

在知识产权案件的审判中，在先案例得到广泛使用。以北京知识产权法院为例，自2014年11月成立起，即将知识产权案例指导制度作为提升裁判水平和推进司法改革的重要抓手，在诉讼活动中，检索、运用在先案例已经成为一种较为普遍的司法习惯。[5] 该院自2015年1月至2017年12月共审结知识产权各类案件26338件，剔除串案情况后，判决中引述在先案例的案件共1034件，引述的在先案例共计1879件。[6]

北京知识产权法院采用的案例参考次序可分为“上下前后左右”，“上下”是指最高人民法院和北京市高级人民法院作出的生效裁判，具有制度权威上的约束力；“前后”是指北京知识产权法院自身在先作出的其他生效裁判则具有事实上的约束力；“左右”是指其他司法区域的法院作出的生效裁判，可以因其充分、高水平的论证说理而对本案起到说服参考力。[7]

法院参照的在先案例来源广泛，也带来一个新的问题，即当在先案例对同一个法律问题判断不一时，法院应当如何参照适用。在知识产权领域，这个问题更为突出，如对“定牌加工”是否构成商标意义上的使用，各地法院就认识不一。为此，有专家认为，应当完善现有的司法案例平台，“最大限度地汇集先例，同时借助大数据、云计算、人工智能等高科技手段，使用户能够检索到特定司法辖区内具有指引意义的先例及其在时间和空间维度上被援引、遵循、参考、推翻等动态情况，反映法律规则的动态演进过程和相关司法积累，并为先例指引裁判提供技术支持”。[8]

注释

1.参见江苏省苏州市中级人民法院（2010）苏中知民初字第0301号民事调解书。

2.陈华丽："中国特色知识产权案例指导制度中的核心争议探讨"，载《知识产权》2018年第8期，第15～23页。

3.王利明："我国案例指导制度若干问题研究"，载《法学》2012年第1期，第71～80页。

4.马燕："论我国一元多层级案例指导制度的构建——基于指导性案例司法应用困境的反思"，载《法学》2019年第1期，第185～191页。

5.李瑛、许波："论我国案例指导制度的构建与完善——以知识产权审判为视角"，载《知识产权》2017年第3期，第60～68页。

6.北京知识产权法院课题组："在先案例在知识产权审判中的运用情况调研——以北京知识产权法院为样本"，载《中国应用法学》2018年第3期，第134～152页。

7.杨静："案例指导制度在知识产权领域的实践探索"，载《人民法院报》2017年7月26日第8版。

8.李瑛、许波："论我国案例指导制度的构建与完善——以知识产权审判为视角"，载《知识产权》2017年第3期，第60～68页。

10

一审宣判，胜诉背后藏隐忧

【提要】

2013年12月20日，苏州市中级人民法院作出一审判决，认定依涉案专利方法生产的产品不是新产品，原告现有证据不能证明被控侵权的Shigena-10P产品含有以涉案专利方法制造出产品的特征性杂质。据此，法院判决驳回原告诉讼请求，四友公司获得了来之不易的胜利。然而，一审的胜利之下也藏有重重隐忧。四友公司众多的重要抗辩理由并未获得法院的支持，如需要综合考虑各种谱图才能确证未知化合物的结构，原告验证报告中的实验结果直接与其主张矛盾，BIA这种混合物无法作为特征性杂质等。四友公司建立的数道防线中，只有最后一道起到了作用。迈图公司在一审败诉后，必然会提起上诉。如果在二审中，四友公司的最后一道防线被突破，那诉讼结果就可能会逆转。

判决内容

2013年12月20日，苏州市中级人民法院作出一审判决，判决书主要内容如下。[1]

一、依涉案专利方法生产的产品不是新产品

最高人民法院《关于审理侵犯专利权纠纷案件应用法律若干问题的解释》第17条规定，产品或者制造产品的技术方案在专利申请日以前为国内外公众所知的，人民法院应当认定该产品不属于《专利法》第61条第1款规定的新产品。是否属于新产品，应由原告解决方案公司和迈图公司举证证明，其诉讼中始终未举证证明。就两原告的其涉案专利生产的Cardura E10P产品及制造该产品的技术方案在专利申请日以前不为国内外公众所知，且该产品在初始颜色、热稳定性、颜色稳定性以及纯度等各方面均优于申请日前的同类产品从而成为新产品的主张，本院认为，解决方案公司和迈图公司主张“在初始颜色、热稳定性、颜色稳定性以及纯度等各方面均优于申请日前的同类产品”，恰恰印证了在申请日前已存在涉案专利产品的同类产品，而涉案专利权利要求1、9限定的技术方案生产的α－支链一元羧酸的缩水甘油酯是通过化学通式表示的一类有机化合物，其结构在专利申请日前也已为国际专利WO97/44335等公开，此外，解决方案公司在其涉案专利背景技术中也已经载明现有技术可以达到99%纯度，现有技术的Glydexxn10的色值pt/co比涉案专利实施例15以及其Cardura E10P产品更佳或者相当。综上，两原告关于涉案专利生产出的产品为新产品的主张没有事实和法律依据，本院不予支持。

二、解决方案公司和迈图公司现有证据不能证明被控侵权的Shigena-10P产品含有以涉案专利方法制造出产品的特征性杂质

本案中原告解决方案公司和迈图公司上述主张的主要理由是：涉案专利方法步骤A中采用的“可与水混溶的溶剂”是涉案专利区别于现有技术的最主要区别特征。由于使用IPA作为溶剂，由此获得的产品中可含有微量的IPA；同时尽管IPA被用作共溶剂，但其并不是完全惰性的，当ECH与α-支链的一元羧酸反应时，少量的ECH会与IPA进行反应，得到副产物1：IPGE，IPGE会与α-支链的一元羧酸之间发生另一个副反应，得到副产物2：BIA。因此当在被控侵权产品中检测出IPGE和BIA时，可以证明在生产该商品时，在使用ECH的步骤中使用了IPA作为共溶剂，并且可进一步证明ECH与α-支链的一元羧酸是在IPA作为共溶剂存在下反应。此外，两原告举证的41号、41-1号鉴定意见及出庭专家证言，证明了分子量为288的组份是BIA以及涉案专利酯化反应中IPGE、BIA两种杂质的生成原理。

就此本院认为，化学领域属于实验性科学领域，特征性杂质对于化学方法专利侵权判断的意义在于，可以从化学原理和实验验证两个方面推导出特征性杂质的存在意味着被诉技术方案中的一项或者多项技术特征与专利权利要求记载的技术特征相同或者等同。就本案而言，解决方案公司和迈图公司未能充分证明被控侵权产品中存在特征性杂质，与该产品必然基于以涉案专利方法所制造之间存在高度盖然性。

首先，两原告的检测报告1和检测报告2检测出被控产品Shigena-10P中含有IPA、IPGE和分子量为288的组份三种杂质。关于分子量为288的组份具体结构，41号鉴定意见指出“可以唯一确定地推导出最终产物缩水甘油酯中分子量为288的物质必然是BIA”，具体地，报告中两实验室在实验8#中均发现，加热后与加热前的GC谱图相比，在保留时间29~32min/22~24min处出现了新的信号，通过对这些新信号的Mass信息进行分析，并结合反应的特定原料，推测产物结构可能为BIA，而BIA的分子量为288，故得到上述结论。因此，尽管41号鉴定意见验证实验1和验证实验2在BIA含量计算上存在较大数据差异，但对于BIA物质的定性检测系通过GC和GC-MS手段，且两个实验室亦得出了一致的定性结论，诉讼中四友公司亦未能提供反证，故本院认为Shigena-10P中存在IPA、IPGE和BIA。

其次，41号鉴定意见作出了“在涉案专利的酯化反应中，IPGE与BIA的生成原理为：ECH和IPA在NaOH作为催化剂的条件下反应生成IPGE，IPGE与VA10在NaOH作为催化剂的条件下反应生成BIA”的结论，本院认为尽管41号鉴定意见所附两份验证实验报告存在部分数据误差和冲突，但两实验室皆通过实验反应和定性检测得到所述杂质，并由此确定杂质的生成原理，得出一致结论，故该报告就酯化反应中IPGE与BIA的生成原理可予认定，但其并不能得出系唯一性生成原理的结论。事实上，41号鉴定意见中的实验原理，是以ECH、IPA、VA10和IPGE四种物质作为不同反应物进行排列组合设计的九组实验，其结论仅是表明了酯化反应中IPGE、BIA的一种生成路径，而非唯一的路径。而诉讼中四友公司的举证表明，可以在步骤D中添加IPA作为溶剂在碱性条件下去除水解氯，缩水甘油酯亦可与IPA生成BIA；同时ECH的存在也可与IPA生成IPGE，而两原告亦未能举证证明在步骤D中生成IPGE之可能性应予排除，也即两原告并未能排除在步骤D加入IPA亦可以生成所述特征性杂质的可能性。故两原告现有举证并不能证明存在ECH、IPA和BIA三种杂质即可表明必然系在生产缩水甘油酯的过程的步骤A中添加了IPA。

最后，涉案专利是一种生产α－支链的一元羧酸的缩水甘油酯的方法，其独立权利要求1包括A、B、C、D四个步骤，每个步骤包含反应原料、摩尔比例、催化剂、溶剂、反应时间、温度等多个技术特征。而两原告在未能举证证明被告四友公司生产工艺之技术特征落入涉案专利除该技术特征之外的其他技术特征的保护范围的情况下，其有关四友公司的生产工艺必然含有“在步骤A添加IPA作为溶剂”的主张亦已为四友公司举证证明并不成立，故对两原告该被控侵权的Shigena－10P产品含有以涉案专利方法制造出产品的特征性杂质的主张，本院亦不予支持。

> …… ……
>
> 综上，本院认为原告解决方案公司和迈图公司现有举证既不能证明被告四友公司使用了涉案专利方法，亦未能举证证明本案存在应由被告四友公司承担证明其生产工艺区别于涉案专利的情形，故其对被告四友公司及必博公司的诉讼主张均不能成立，本院不予支持。

据此，法院判决驳回原告诉讼请求，四友公司获得胜诉。

我国实行二审终审制，四友公司在一审中获胜并不意味着案件结束，迈图公司必然会向江苏省高级人民法院提起上诉。由于四友公司的一些重要抗辩理由在一审中未能被法院接受，一审的胜利之下也藏有重重隐忧。

抽丝剥茧

首先，四友公司的一项重要主张就是未知有机化合物的结构确证需要综合红外图谱、紫外图谱、核磁共振谱和质谱等多种分析手段来综合解析，而本案中迈图公司仅使用了质谱这一种手段，并在质谱的使用上也存在严重不足，没有和标准图谱进行比对，也没有进行详尽的解析。在起诉时的产品检测中，迈图公司仅根据分子量为288就认定相关物质为BIA；在验证实验中，甚至代表分子量为288的分子离子峰都未出现。如果四友公司的此项主张成立，那么迈图公司就会彻底丧失事实基础。

虽然万慧达律师提交了多份关于有机化合物结构确证的证据，并且在庭审中迫使迈图公司的鉴定专家曾教授明确承认，仅通过质谱测定BIA远远不够，但法院依然认可了迈图公司的检测手段，并在这基础上认定四友公司的产品Shigena-10P中存在IPA、IPGE和BIA，并认可了两份验证报告中IPGE与BIA的生成原理。

其次，四友公司主张，验证报告显示疑似IPGE和BIA的物质只有在游离碱存在的条件下才生成，在新癸酸过量条件下并不会生成，该实验结果和迈图公司所主张的IPGE和BIA只能在A步骤中生成直接矛盾。不过，四友公司的该观点未获得法院认可。

最后，四友公司主张所谓的BIA是一种混合物，并不存在特定的结构，无法作为所谓的特征性化合物。该观点也未获得法院认可。

总体而言，四友公司在技术层面的争辩大都没有得到法院的认可，建立的数道防线中只有最后一道起到了作用。如果在二审中该防线被突破，那诉讼结果就可能会逆转。

敲黑板

一审法院在技术问题上采纳了鉴定意见中的观点，这在某种程度上也能令人理解。社会心理学家发现，说服的主要要素包括传达者、信息内容、沟通渠道和听众。换句话说，就是谁用什么方法将什么信息传递给了谁。[2] 万慧达律师在技术层面上的争辩，如果没有相应的化学背景，恐怕难以令人信服。

当法官对技术问题的认定缺乏足够自信时，容易根据信息来源的可信度来作出判断。“法学强调实践，法官必须在有限时间内处理问题，他们不能等所有的知识都齐备了再按部就班地作出唯一正确的决断，不允许他等到‘黄花菜都凉了’。他更多的是，用概括了波斯纳的话来说，要‘头脑清醒地对付或糊弄过去’。”[3] 在法官眼里，迈图公司提供的是由教授博导所作出的验证报告，而四友公司提供的则是几个不知道专业背景的代理人所发表的意见。两者相比，明显教授的技术观点更有证明力。

事实上，四友公司的孙兰波董事长、万慧达律所的代理人杨颖和笔者都具有化学背景，对技术的理解非常透彻，也将对方的鉴定专家盘问得无言以对，但最终四友公司的技术观点并未获得法院的认可。在二审过程中，为了能在技术争辩上获得法院的支持，四友公司恐怕还需要提交更加强有力的证据。

事件回顾

一审判决作出后，两原告均不服，向江苏省高级人民法院提起上诉。这也在意料之中，如此重大的案件，哪一方都输不起，败诉方必然会穷尽救济手段。根据《民事诉讼法》，国内当事人提起上诉的期限是判决书送达之日起15日内，而国外当事人提起上诉的期限是判决书送达之日起30日内，故在本案中，迈图公司于2014年1月17日提起上诉，而解决方案公司则于2014年2月7日提起上诉。

两份上诉状的主要观点基本相同，都认为一审法院存在事实认定和适用法律错误，不同之处是解决方案公司的上诉状由于上诉期限比较充分，故论述得更为详细。两份上诉状都认为：（1）一审判决对于新产品的认定不符合相关法律和司法实践的认定标准，属于事实认定错误；（2）一审判决无视化学领域的特殊性，在没有实验依据的情况下对化学原理和反应结果予以推定，存在事实认定错误；（3）一审判决没有依据案件具体情况合理分配举证责任，存在适用法律错误。此外，解决方案公司在上诉状中还认为一审判决中对证据保全裁定只字未提，四友公司拒不履行生效裁定的行为未承担任何责任，明显偏袒四友公司。

针对上诉状，四友公司在答辩状中进行了针锋相对的答复，主要包括：（1）本案专利方法生产的产品不是新产品，新产品的认定不能以质量、性能的改善为依据，此外迈图公司也并未证明本案专利方法生产出的产品质量和性能优于现有产品；（2）现有证据不能证明被控侵权产品为使用专利方法制造，迈图公司未证明BIA和IPGE为本案专利方法的特征性杂质，上述所谓特征性杂质均不能证明被控侵权产品使用了专利方法，一审判决在认定侵权的核心技术问题上具有坚实的基础；（3）一审判决在举证责任分配上并无错误，涉案产品不属于新产品，应当由迈图公司承担举证责任，而迈图公司未尽全力证明侵权行为的存在；（4）一审判决中未提保全裁定具有合理的依据，在本案中，迈图公司并没有证据证明四友公司可能使用了其专利方法，不能强求四友公司提供相关证据。

敲黑板

对四友公司来说，一审判决喜忧参半。喜悦的是判决结果对自己有利，担忧的是核心意见未被法院采纳，判决成立的基础有些薄弱。对于此类结果，胜诉方其实也面临着是否需要提起上诉的艰难选择。如果四友公司不提起上诉，则可能意味着对一审判决“全盘接受”，放弃了另外的防线；如果提起上诉则意味着不同意一审判决，有机会树立其他的防线。不过，作为胜诉方提起上诉，似乎显得有些“违和”。

在国内，一审胜诉方在“半胜”的情况下没有提起上诉，最后二审惨遭逆转也屡见不鲜。如在“中超联赛直播案”中，新浪公司起诉天盈九州公司未经许可转播中超赛事，侵犯著作权并构成不正当竞争。一审法院认为，赛事录制形成的画面具备独创性，构成作品，被告的转播行为侵犯了新浪公司对涉案赛事画面作品享有的著作权。同时，一审法院认为，由于转播行为已通过著作权法获得保护，无须再以《反不正当竞争法》进行规制，故对新浪公司涉案提起的不正当竞争行为的诉请不予支持。[4]

一审判决作出后，败诉方天盈九州公司提起上诉，而胜诉方新浪公司未提起上诉。二审法院认为，涉案赛事公用信号所承载连续画面既不符合电影作品的固定要件，亦未达到电影作品的独创性高度，故涉案赛事公用信号所承载的连续画面不构成电影作品。同时，二审法院认为，由于新浪公司未提起上诉，故二审法院无法就天盈九州公司的行为是否构成不正当竞争进行审理。据此，二审法院撤销一审判决，驳回新浪公司全部诉讼请求。[5]

根据该案的逻辑，胜诉方除非对一审判决百分百满意，否则就应当提起上诉，以免在二审中处于不利地位。这样难免会增加许多不必要的上诉，加重二审法院的负担。

不过，四友公司未被法院认可的其他理由，都是用于主张原告举证不足，并非一个独立的诉求，因此在适用规则上和“中超联赛直播案”存在差异。此外，各地法院对未提起上诉的一方是否可以在二审程序中再次主张一审未获得支持的理由也存在不同的做法，故四友公司最终还是未提起上诉。

事件回顾

一审判决作出后，迈图公司保持沉默，四友公司则发布了孙兰波董事长针对一审胜诉的公开信，内容大致如下：

历经两年多的时间，通过两次听证，三次开庭，两次原告补充证据，并经过仔细审理，苏州市中级人民法院知识产权庭判决：由于现有举证既不能证明被告四友公司使用了涉案专利方法，亦未能举证证明本案存在应由被告四友公司承担证明其生产工艺区别于涉案专利的情形，故其对被告四友公司的诉讼主张均不能成立，本院不予支持。依照国家相关法律，法院驳回原告解决方案公司和迈图公司的全部诉讼请求。

虽然该项莫须有的诉讼对我公司的发展产生了严重的负面影响，但是有这样的判决结果令人欣慰！

在此，我代表四友公司对在诉讼期间一直信任和支持我们的人们，包括客户、经销商和供应商等表示衷心的感谢！我们将继续努力以回报这些信任和支持！

一审获胜极大地鼓舞了四友公司的客户，随着诉讼向好的方向发展，四友公司的客户逐渐回归，订单数量稳步增长，四友公司度过了最艰难的时刻。

法律茶座：案例检索

在知识产权诉讼中，案例所起的作用日益重要，案例的检索和分析也日益成为律师的基本技能。近年来，随着裁判文书公开工作的日益推进，众多的案例数据库纷纷涌现，律师的案例检索日益便捷。

常见的免费案例数据库包括中国裁判文书网、无讼、聚法案例、理脉等，收费数据库则有法信、知产宝、北大法宝等。各个案例库的设定各有特点，但基本上都支持根据案由、关键词、法院、当事人、律师等条件进行检索，并支持在当前检索结果的文献范围内，再次输入检索条件进行二次查询。在检索结果中，用户还可以根据法院层级、地域及法院、裁判年份、文书类型等条件进行筛选。

律师进行案例检索的目的大致可以分为：（1）了解某个特定的主体，如当事人、法院、法官、律所、律师；（2）了解某个特定案例，如迈图公司诉四友公司专利侵权案[1, 6]、《红色娘子军》案[7]或

“新华字典”案[8]；（3）了解某个特定的法律问题，如“QQ空间公开内容是否能破坏专利的新颖性”“旧酒瓶装新酒的行为是否构成侵犯商标权”等。

针对特定主体的检索相对比较简单，只要输入主体名称作为关键词进行检索即可。如于2019年5月5日，在中国裁判文书网上，查询诉讼主体为“华盖创意（北京）图像技术有限公司”的案件，可以获得5967个结果；查询诉讼主体为“中国音像著作权集体管理协会”的案件，则可以获得143540个结果。根据检索结果，我们可以明显看出这两家单位无疑是中国的“诉讼大户”。检索者如果查询法官或者律师，则要注意同名同姓的问题，如同一日在中国裁判文书网检索名为“王伟”的律师所代理的案件，可以获得25771个结果，该结果中同时包含代理律师为“王伟”“某王伟”“王伟某”的所有裁判文书。检索者要获得准确的结果，还需要根据该“王伟”律师所在律所的名称作进一步限定。

针对某个特定案例的检索经常需要根据检索者所了解的信息，通过“步步逼近”的方式获得。如检索者知道案件当事人名称，则先输入当事人名称进行检索，如结果不止一个，则再根据自己所知道的信息，如案例类型为“侵犯发明专利权纠纷”、审理法院为高院、判决作出日期为2017年等，逐步缩小范围，直至获得最终结果。

如果律师知晓案例的案号，则通过案号检索自然十拿九稳。不说“百分之百”是因为根据以前的案例编号规则，同一案号下有可能对应两个以上的判决。如“（2013）泉民初字第1218号”中，“2013”是年份，“泉”是法院的代称，“民”指的是民事案件，“初字”指的是一审，“第1218号”指的是案件编号。不过，由于泉州市中级人民法院和徐州市泉山区人民法院都简称“泉”，该判决书文号就对应两份不同的判决。又如成都市中级人民法院和山东省成武县人民法院都简称“成”，故“（2014）成民初字第855号”也同样对应两份判决。[9]

为避免冲突，最高人民法院于2016年1月起实施了《关于人民法院案件案号的若干规定》及配套标准，规定中院和基层法院的名称都用其所属高院的代称和数字代码组合表示，毕竟各高院的代称并没有相同的。根据新的案号标准，南京市中级人民法院为“苏01”，南京市玄武区人民法院为“苏0102”。新的案号标准施行后，每家法院的代字各不相同，杜绝了案号冲突的可能。唯一的副作用可能是数字代码缺乏显著性，公众看到案号时恐怕不容易一眼看出该判决出自哪家法院。

针对某个特定法律问题的检索可能最为复杂，因为选择关键词和分析检索结果都存在不小的难度。如律师想要检索“回收他人的商品容器装入自己的产品并贴上自己的商标推入市场”的行为是否构成侵犯商标权，即所谓的“旧瓶装新酒”问题，关键词的选择就不大容易。如果检索者就用“旧瓶装新酒”作为关键词进行全文检索，由于该词汇并非判决书中的标准表述，检索到的数个案例都不符合要求。不过，此类案件都涉及容器的“回收”问题，故“回收”应当是关键词。另外，可乐等软饮料使用的多是一次性的塑料瓶，价值低廉，回收重复使用并不经济；而酒类一般使用的是价格相对高的玻璃瓶，回收价值较高，故另一个关键词可能是“酒瓶”。通过两个关键词锁定后，再通过案由选择“商标权权属、侵权纠纷”，最后检索到的案例大部分符合要求。

对于知识产权疑难案件，不同的法院经常认识不一，正反案例都存在，“旧瓶装新酒是否侵权”就是如此。此时，检索者就需要评估不同案例的“权重”。一般情况下，最高人民法院发布的指导案例权重要高于公报案例和典型案例。指导案例“应当参照适用”，而公报案例虽然也具备指导作用，但并不是强制性的，典型案例的评选则还需要考虑社会影响力等因素。上级法院的案例效果要高于下级法院，同级法院中，“江湖地位”更高的法院的案例效力相对更高。同一个法院的案例，则应该是新案例的效力高于老案例。

如果检索获得的同类案件结果较多，有数十件，那检索者也可以考虑对结果进行分析，努力寻找其中的规律，如不同案件在事实上是否存在差异，不同法院对构成要件在认知上的异同，同一家法院的观点是否随着时间的变化而发生改变等。例如，检索者对涉及“QQ空间公开内容是否属于现有设计”的数十个案例进行分析就会发现，近年来，法院的观点经历了一个从认为“不属于”到“属于”现有设计的过程，当初支持不构成公开的各个理由也逐渐被放弃。[10] 如果将“QQ空间”换为“微信朋友圈”，检索者也可以发现，历史正在重演，法院的观点正处于前述变化的过程中。

注释

1.参见苏州市中级人民法院（2011）苏中知民初字第0304号民事判决书。

2.[美]戴维·迈尔斯:《社会心理学》(第八版)，张智勇等译，人民邮电出版社2006年版，第183页。

3.[美]R. A. 波斯纳:《法理学问题》，苏力译，中国政法大学出版社2002年版，总译序第6页。

4.参见北京市朝阳区人民法院（2014）朝民（知）初字第40334号民事判决书。

5.参见北京知识产权法院（2015）京知民终字第1818号民事判决书。

6.参见江苏省高级人民法院（2014）苏知民终字第0113号民事判决书。

7.参见北京市西城区人民法院（2012）西民初字第1240号民事判决书；北京知识产权法院（2015）京知民终字第1147号民事判决书；北京市高级人民法院（2016）京民申1722号民事裁定书。

8.参见北京知识产权法院（2016）京73民初277号民事判决书。

9.参见成都市中级人民法院（2014）成民初字第855号民事判决书；山东省成武县（2014）成民初字第855号民事判决书。

10.杨敏锋:“薛定谔的微信朋友圈和QQ空间?——关于个人网络空间是否属于现有设计的实践与探索”，“万慧达知识产权”微信公众号，2018年6月25日。

11

二审揭幕，短兵相接鏖战酣

【提要】

2014年6月，二审法院对本案进行听证。在听证会上，迈图公司和四友公司的观点与一审基本保持一致。不过，迈图公司关于新产品的观点又发生了细微的变化，认为微量杂质也能对产品性能起到促进作用。另外，迈图公司主张，其在诉讼中提交的Cardura E10P缩水甘油酯产品，由于其名称在涉案专利说明书中有记载，故该产品就是用涉案专利方法生产的。四友公司则重点对缩水甘油酯制备工艺的D步骤中加入IPA的合理性进行了解释。双方观点阐述完毕，合议庭进行总结并对双方的举证责任进行分配，要求双方各自补充相关证据。

法庭回放

2014年6月4日上午，本案听证会在二审法院江苏省高级人民法院（见图11.1）进行。听证会由承办人李法官主持，王书记员记录，迈图公司和四友公司的代理人都没有变化，迈图公司代理人依然是华诚律所的三位律师（黄律师、张律师和顾律师），四友公司也依旧是五人组（杨颖、杨敏锋、廖晓荣、孙兰波和王永军）。

图 11.1　江苏省高级人民法院（杨敏锋摄）

听证会开始后，先由上诉人迈图公司陈述上诉请求及理由，再由被上诉人四友公司陈述答辩意见。双方的观点和一审中基本相同。合议庭根据双方的诉辩意见，将本案的争议点归结为：（1）涉案专利方法生产出的产品是否为新产品；（2）上诉人称的专利技术中的特征性杂质能否从被控侵权产品中检测出来，及能否根据含有特征性杂质即认定被上诉人使用了涉案专利。

法庭归纳争议焦点后，迈图公司和四友公司就这两个问题展开争辩。与一审相比，迈图公司对部分观点又进行了细微调整，认为微量杂质也能对产品性能起到促进作用。当然，迈图公司并没有拿出任何证据来证明微量杂质起到的正面作用。

上诉人律师：关于新产品的问题，专利产品与现有技术相比，色值≤35，EEW（环氧基团分子量）为235~244g/mol或EGC（环氧基团含量）、环氧化合物含量为4100~4250mmol/kg，环氧化合物含量至少占94%，同时含有微量的特征性杂质IPGE和BIA。其中三点涉及性能，一点涉及组份，这四点构成综合性指标。被上诉人所称的现有产品中，只公开部分指标，并没有全部公开该四点指标。在专利产品中含有微量的IPGE和BIA，但现有产品中没有公开这一特征，这是最主要的一点。

法官：微量的IPGE和BIA对产品性能或功能上有何效果？

上诉人律师：性能和效果是多种成分的相互作用，包括产品中所含的主体物质和杂质，共同对产品的纯度和色值起作用。

法官：关于被上诉人所称不能证明优于现有产品的指标，上诉人有何意见？

上诉人律师：我们庭后作出答复。

上诉人关于新产品的意见发表完毕，在合议庭的主持下，又就特征性杂质IPGE和BIA能通过两种路径生成发表了意见，其观点和一审中的基本一致。上诉人的意见发表完后，由被上诉人四友公司孙兰波发表意见。

法官：被上诉人有何意见？

孙兰波：关于微量杂质，这种杂质对产品本身不会产生影响，只会导致产品纯度变低，高沸点物质同时也会导致产品颜色变深。总之，该杂质只会对产品性能产生负面影响。关于新产品，上诉人称其产品中有微量杂质，在权利要求中没有体现，实际上在整个专利中都没有体现，所以没有办法找其他文献与之比对，而且上诉人也没有证明产品中含有IPGE和BIA。……上诉人如果要证明其主张成立，必须要排除IPA和缩水甘油酯反应产生BIA的路径。被上诉人产品的技术与上诉人的技术不同，所以产品的品质也不同。我们的产品远优于上诉人的产品质量，但从工业上讲不会将品质最好的体现在技术指标上。

孙兰波发表完意见后，上午的听证结束，下午继续听证。

法庭回放

在下午的听证中，合议庭首先询问双方对一审认定的事实有无异议。迈图公司和四友公司趁此机会分别阐述了对事实方面的意见。

法官：双方当事人对一审查明的事实有无异议？见一审判决书第16页至第29页。

上诉人律师：第22页第2段，我们认为IPGE和BIA是特征性杂质，不包括IPA。

被上诉人律师：判决书第21页记载，四友公司被控侵权产品检测出含有IPA、ECH、IPGE及分子量为288的组份，对该事实不予认可。所谓来源于四友公司的样品来源不明，不能作为检测依据。此外，一审法院认定存在IPGE的方法是质谱方法，而鉴定物质应当通过多个谱图进行综合验证。关于分子量为288的组份，整个检测报告中并没有提供质谱图。第26页最后1段提到了上海市科技咨询服务中心的补充说明，上诉人仅提交给了法院，没有让我们质证，这部分内容我们没有看到过。

法官：上诉人，补充说明有无质证过？

上诉人律师：这是我们庭后提交的，相当于我们的意见。

针对一审事实的询问结束后，合议庭就本案涉及的技术问题进行调查，主要包括权利要求1的反应过程、各个物质的作用、副反应情况、BIA的生成路径等，双方的观点和一审时相同，这里不再赘述。此外，二审法院还重点调查了迈图公司所主张的IPGE和BIA这两种特征性杂质的检测方法。

法官：上诉人，最终产品有IPGE和BIA这两种特征性杂质，是如何检测出来的？

上诉人律师：通过化学原理结合检测报告，专利产品也作了检测。

上诉人律师：两份检测报告检测了被控侵权产品，也检测了专利产品，也检测到了IPGE和BIA两种杂质。但一审法院认为专利产品是我们提供的，并不能证明该产品就是根据专利所生产出的产品。

法官：上诉人能否证明你们所提交的专利产品就是你们根据专利所生产出的产品？

上诉人律师：涉案专利说明书第18页倒数第3段提到根据专利生产出的产品就是Cardura E10P。

法官：这个产品是谁生产的？产品的来源是？

上诉人律师：庭后我们核实一下。

上诉人律师：说明书上记载了得出的产品就是Cardura E10P，如果该产品中检测出了IPGE和BIA，就说明是根据专利方法所生产的。

法官：上诉人自己有没有检测过？

上诉人律师：这就涉及指标，需要对专利产品是否含有杂质进行检测，这种产品在市面上是可以买到的。

敲黑板

经过合议庭询问，迈图公司明确，涉案专利说明书上记载的产品商品名为“Cardura E10P”，而其在本案中提交的产品也正是“Cardura E10P”，故该产品就是按照专利方法所生产的。迈图公司的此项观点明显不能成立。在商业实践中，企业更新商品生产工艺后，通常并不会改变其商品名，商品名相同并不意味着产品的生产工艺一致。

法庭回放

由于上诉人将产品中含有所谓特征性杂质作为判断新产品的重要依据，合议庭也重点询问了特征性杂质的作用。

法官：特征性杂质对产品功能有何影响？

上诉人律师：本身就是杂质，只是说客观上起到区分产品的作用，对产品本身的功效是否有影响，庭后再进行核实。

法官：因为这个杂质是上诉人主张认定为新产品的依据，需要证明对功效有无影响。

上诉人律师：这只是我们的一个主张。

敲黑板

产品中的杂质通常起到的都是负面作用，故制造商需要努力提高产品的纯度。在本案中，迈图公司也未提供证据证明IPGE和BIA对产品质量起到了促进作用。如果化学产品在成分和性能上略有差异就能被认定为新产品，则《专利法》中关于举证责任倒置的条款就会被滥用，严重影响原被告双方的权利义务平衡。在主审法官的直接询问下，迈图公司最终承认这只是他们的一个主张，暗示了自己并没有证据予以证实。

法庭回放

由于四友公司主张在步骤D中加入IPA也会生成BIA和IPGE，合议庭也对加入IPA的合理性进行调查。

法官：被上诉人认为是在步骤D加入的IPA，被上诉人为何要在此步骤中加入？效果和功能如何？

孙兰波：IPA是既可溶解于有机物，也可溶解于水的溶剂。在步骤D中，当新癸酸缩水甘油酯形成后，由于部分中间体新癸酸氯代醇酯不能完全消除掉，所以要在步骤D去除，从而纯化产品。氯代醇酯溶解于缩水甘油酯中，用于消除氯代醇酯的碱水溶液很难与有机相中的微量氯代醇酯接触，双方难以进行反应。加入IPA可以帮助碱水溶液与有机相混溶，增加接触概率，帮助消除氯代醇酯。

加入IPA后，在碱过量的环境下，IPA会和新癸酸缩水甘油酯上的环氧基发生反应，形成BIA。同时，由于ECH在步骤A中过量，如果在步骤C的蒸馏程序中没有完全被脱除，则会进入步骤D。此时，ECH会和IPA在碱性条件下形成IPGE。用IPA纯化的方法相当于在步骤D还有一次对产品的纯化，就是要在步骤D之后蒸除IPA，故没有必要在步骤C将ECH完全脱除。

此外，在步骤D中，IPA作为溶剂会循环使用，上一循环中的溶剂还会用到下一循环。在蒸除IPA的过程中，也有部分ECH会一起蒸除，导致ECH在D步骤中积累。这也是ECH在步骤D中的另一个来源渠道。

关于四友公司的生产工艺中加入IPA的合理性调查完毕，合议庭询问涉案专利的主要发明点。

法官：专利的最大发明点是什么？

上诉人律师：就是在步骤A中加入IPA，使反应更充分。其他的反应步骤都是常规技术手段，被上诉人的证据18中[1]，被上诉人也自认除加入IPA之外，都是众所周知的技术手段。

法官：被上诉人，上诉人认为专利的最大发明点就是在步骤A中加入IPA，使反应更充分。被上诉人有何意见？

孙兰波：在我们的证据18中，这4个过程是新癸酸缩水甘油酯的形成过程，基本都是一样的。不过，每家都有不同的做法，催化剂也不同。我们并不含有IPGE和BIA。

被上诉人专利代理人：除了溶剂的选择，反应条件如配比、温度等也是专利的内容。

敲黑板

专利的保护范围由权利要求决定，说明书和附图则对权利要求进行解释。权利要求中的技术特征越多，则保护范围越小。涉案专利的权利要求1中，记载了十多个技术特征，包括反应物、反应物配比、溶剂、催化剂、反应温度、反应时间、过量反应物的去除方式、副产物的去除方式等。四友公司主张权利要求中还有其他技术特征，是强调上诉人没有证明四友公司的生产工艺中同样包含前述技术特征，其侵权主张不能成立。

法庭回放

法官：被上诉人的证据18的产品中，是不含有IPGE和BIA的？

孙兰波：该证据为反应实验，是用IPA和新癸酸缩水甘油酯反应产生BIA，但新癸酸缩水甘油酯本身不含有BIA。我们采用的原料并不含有BIA，在此基础上我们加入了ECH和碱，再进行检测，确实发现了化学电离质谱的分子量为288的物质。作为化学分析，必须有四谱（红外光谱、紫外光谱、质谱、核磁共振谱）鉴定，所以我们也不知道288的物质是否为BIA。

被上诉人律师：红外光谱用来确定特定的基团，比如烃基、环氧基等；核磁共振谱用来确定碳原子上的氢原子数量；质谱用于对结构进行推测；紫外光谱用于确定特定物质在多种因素作用下在特定的波长下最大的吸收峰。

孙兰波：质谱只能够确定化合物的分子量及通过电离碎片初步预计结构如何，所以需要其他谱图辅助确定结构。

被上诉人律师：结构完全不同的化合物的质谱图也有可能相似。在我们的证据12中提到，色酮与5-喹唑啉醇结构完全不同，但质谱图存在许多相似之处。

在回答主审法官的问题时，四友公司再次强调不能仅通过质谱一种手段来确定未知化合物。该问题回答完后，合议庭返回原来的主题，就步骤D中加入IPA是否合理进行调查。

法官：上诉人对被上诉人在步骤D中使用IPA，有何意见？

上诉人律师：涉案专利方法生产的产品中除BIA外，还含有IPGE。被上诉人的证据18即使成立，也只是证明在步骤D中使用IPA后生成了BIA，但没有IPGE。步骤D加入IPA进行提纯不可行，涉案专利为工业生产过程，必须考虑操作实践。产品提纯不能消耗目标产物，也不能引入新的杂质。根据被上诉人的主张，加入IPA就是为与目标产物反应，消耗目标产品。并且IPA本身就是杂质，还生成了新杂质BIA。为此，还需要在步骤D之后再进行提纯，导致生产成本上升。综上所述，在步骤D中加入IPA不合常理。

孙兰波：证据18没有加入ECH，加入的是IPA，故没有生成IPGE，不存在实验结果和我方主张矛盾的情况。该实验是验证IPA和新癸酸缩水甘油酯反应形成BIA，对上诉人的验证报告进行补充。IPGE和BIA杂质的含量大概为0.01%，多一点少一点对性能和成本都没有影响。如果说加入IPA会消耗产物，则涉案专利加入IPA也是在消耗原料，也产生副产物。涉案专利是正确的话，步骤D中加入IPA也是正确的。从成本来说，涉案专利的步骤A加入大量IPA，需要在步骤C中蒸馏除去，成本巨大。不过在步骤D加入少量IPA，相比而言在成本上比涉案专利要合适得多。

孙兰波的回答，充分解释了在D步骤中加入IPA在化学工艺上的合理性。

接下来，听证会继续进行，合议庭对涉案专利涉及的其他技术问题继续进行调查。

法官：BIA是什么物质？

上诉人律师：是一种混合物，叫内嵌醇。

法官：在上海鉴定意见中，加入顺序是否表示各物料的加入顺序？

孙兰波：是的。该报告第13页也记载了加入物料的过程。上诉人所宣称的催化剂NaOH实际上也是必不可少的反应物，作用是脱去氯化氢，最终生成氯化钠。在反应体系是酸性时，NaOH加入后会瞬间和酸反应，反应体系中根本不会有游离碱存在。

上诉人律师：这个生成原理已被一审法院确认。北京检测报告中被控侵权产品中检测到了BIA和IPGE，这在一审时也已经确认，被上诉人也没有表示异议。现被上诉人否认这一点，这仅是被上诉人的陈述，并没有证据证明。二审不应当再纠结于这些方面。

被上诉人律师：我们没有提出上诉，不代表我们认可一审判决的所有陈述，我们只是认可一审的判决结果。

孙兰波：一审判决书中写了鉴定意见的结论只是一种生成IPGE和BIA的路径，并不能否定在D步骤中加入IPA也会生成前述两种物质。

被上诉人律师：这两份的鉴定意见作为酸的反应物不一样，并不属于专利方法所要求的α－支链羧酸。具体见我方证据16。

被上诉人专利代理人：而且反应物的配比也不同。

法官：上诉人对此有何意见？

上诉人律师：专利说明书第10页倒数第3段记载优先使用9~11个碳原

子的叔碳酸作为原料，实验报告中用的和本专利实施例中的V10酸就是权利要求1中所限定的酸。专利说明书第17页，实施例15中的酸就是V10酸。

被上诉人律师： α－支链羧酸指的是碳原子结构，在与羧基最接近的碳原子上带有支链，而鉴定意见中的V10酸不带有α－支链，V10酸指的是碳原子有10个。

双方观点阐述完毕，合议庭进行总结并对双方的举证责任进行分配。合议庭认为，本案争议之一在于涉案专利制造出来的产品是否为新产品，以及杂质是否作为认定新产品的依据。迈图公司认为四友公司的产品中有特殊杂质IPGE和BIA，迈图公司需要证明在鉴定中使用的Cardura E10P的来源以及是否存在第二条路径产生该两种杂质。四友公司也需要证明除了涉案专利方法以外的第二个产生特殊杂质的原因。

鉴于合议庭再次要求双方举证，四友公司专利代理人杨颖立即提出异议，她认为二审不应该再交这样的证据。合议庭尚未发表意见，迈图公司的代理律师却突然发难，指责杨颖不积极举证，双方当庭发生了短暂但又激烈的争吵。随即，合议庭制止了双方，明确表示双方都有责任帮助法庭搞清真相，不提供证据就要承担不提供证据带来的后果。

据此，二审第一次听证会结束。

事件回顾

当天晚上，四友公司五人组一起回顾了白天开庭的情况，重点讨论了合议庭要求提供证据的要求。杨颖认为这不符合审判程序，四友公司作为被告无须举证。另外，通过实验进行验证的费用高昂，而且迈图公司还会对得到的结果百般挑剔。

孙兰波则认为，既然合议庭已经明确提出了要求，四友公司应当积极配合。更重要的是，四友公司无法承受不举证可能带来的败诉后果。再说四友公司已经做过该实验验证，结果也很明确，真金不怕火炼。花点费用将这个证据补上，迈图公司就无话可说。

听了孙兰波的表态，杨颖提议，既然四友公司的实验没有问题，那么可以提请法院共同鉴定。一方面迈图公司对获得的结果无话可说；另一方面迈图公司如果败诉，检测费用则由他们来支付，这样可减少四友公司的财务负担。

通过充分的讨论，大家就申请法院共同鉴定达成了共识。

法律茶座：管辖权变迁史

本案的一审是在苏州市中级人民法院进行，而二审则是在江苏省高级人民法院进行。这里涉及专利案件的管辖权问题。

案件的管辖，是指确定各级法院之间和同级法院之间受理第一审案件的分工和权限。中国的知识产权案件管辖涉及级别管辖、地域管辖、专属管辖等问题，近年来知识产权保护越来越受到重视，知识产权案件的管辖问题也越来越复杂，并处于一个高频更新的动态发展阶段。以知识产权民事案件为例，其大致可以分为：（1）一般知识产权案件，包括著作权（不含计算机软件）、商标（不含驰名商标）、不正当竞争（不含侵犯技术秘密）案件；（2）技术类案件，包括专利、植物新品种、集成电路布图设计、技术秘密、计算机软件案件；

（3）驰名商标认定案件；（4）垄断纠纷案件。

一般知识产权案件原则上由中级人民法院和最高人民法院指定的基层人民法院管辖。中国的基层人民法院共有3000多家，拥有一般知识产权案件管辖权的不到200家。技术类案件、驰名商标认定案件和垄断案件则原则上由知识产权法院和各知识产权法庭/审判庭管辖。

在一般知识产权案件的管辖上，跨区域管辖逐步成为潮流。如在2016年年初，北京市东城区、西城区、丰台区、石景山区人民法院开始实行跨区域管辖一审知识产权民事案件，北京市郊区法院将不再受理一审知识产权民事案件。随后，上海市也对知识产权案件实行跨区划片集中管辖，将管辖权集中在浦东新区、黄浦区、杨浦区、徐汇区、闵行区、普陀区的6个基层人民法院。

可能有读者会问，为什么朝阳区和海淀区作为北京的知识产权重镇，朝阳区人民法院和海淀区人民法院却没有获得跨区管辖的资格。答案很简单，他们实在忙不过来。在当时，北京市可以审理一审知识产权民事案件的基层人民法院共有11家，各法院的收案数量明显不均衡。以2014年为例，收案数量最多的海淀区人民法院收案4000件左右，最少的怀柔区人民法院收案仅40件，两者相差近100倍。[2]

30多年来，在以专利民事案件和行政案件为代表的疑难知识产权案件的管辖上，法院数量经历了一个从扩张到收缩的螺旋发展历程。[3] 1985年中国《专利法》刚开始施行时，只有省级政府所在地和经济特区的中级人民法院对专利案件有管辖权。之后，最高人民法院陆续指定重庆、青岛、葫芦岛、景德镇、宁波、苏州、潍坊等几十家中级人民法院管辖专利案件。从2009年开始，实用新型和外观设计案件的管辖权被下放到基层人民法院，浙江省义乌市、江苏省昆山市、北京市海淀区等数家基层人民法院先后获得管辖权。截至2014年年底，全国具有专利纠纷管辖权的中级人民法院有87家，基层人民法院则有6家。如果再加上仅拥有外观设计案件管辖权的江苏省南通市通州区人民法院，以及重庆市两江新区知识产权法庭这个“法庭”，则总量高达95个。此时，法院数量达到了巅峰。

俗话说，“天下大势，分久必合，合久必分”。法院数量达到最高点后，逐步开始收缩。2014年年底，北京、广州和上海知识产权法院相继成立，分别对北京、广东和上海这3个省市的专利案件进行专属管辖。知识产权法院成立后，这3个省市原来拥有专利案件管辖权的14家中级人民法院和2家基层人民法院中，除深圳市中级人民法院外，都不再受理专利案件，具有专利管辖权的法院数量首次大规模减少。

从2017年开始至2019年9月，我国先后在南京、苏州等21个中心城市成立21个知识产权法庭/审判庭，对一般知识产权案件之外的其他知识产权案件实行跨区域管辖。一省的知识产权法庭成立后，该省的其他中级人民法院则不再审理此类案件。没有成立知识产权法院/法庭的省份，此类案件基本由省会城市所在地的中级人民法院管辖。自此，除广东、江苏、浙江、山东和福建拥有专利案件管辖权的法院为2家外，其他省市拥有专利案件管辖权的法院都只保留1家，具有专利案件管辖权的法院数量再次大规模减少。以江苏为例，原来拥有专利案件管辖权的中级人民法院共有11家，基层法院为3.5家（南通市通州区人民法院仅管辖外观设计案件，算0.5家），调整后只剩下南京和苏州知识产权法庭2家。

需要强调的是，由于收案原因、行政级别原因、历史原因、个人原因等的不同，各家知识产权法庭的管辖权并不整齐划一。[4] 如南京和苏州知识产权法庭获得了诉讼标的额在人民币300万元以上的一般知识产权案件的管辖权；杭州和宁波知识产权法庭同样具有此类案件管辖权，不过标的额为人民币800万元以上；济南和青岛知识产权法庭则没有获得此类案件的管辖权。

当然，各知识产权法庭受理的案件标的额也有上限。如果超过该上限，相关案件就由上一级人民法院即高级人民法院审理。由于我国各地区经济发展不平衡，故最高人民法院规定了4条不同的标准线。如果双方当事人都在同一个省/自治区/直辖市，那么北京、上海、广东和江苏、浙江的标准线为人民币5亿元，天津、河北、山西等地的标准线为人民币3亿元，吉林、黑龙江、江西等地的标准线为人民币2亿元，贵州、西藏和甘肃等地的标准线为人民币1亿元。如果双方当事人不在同一个省/自治区/直辖市，则标的额的起点会大幅降低。在前面4条标准线中，各省/自治区/直辖市的降低幅度还不相同。

2018年10月，最高人民法院成立知识产权法庭。从2019年1月1日开始，当事人对专利、植物新品种、集成电路布图设计、技术秘密、计算机软件、垄断等专业技术性较强的知识产权民事和行政案件的一审判决、裁定不服，提起上诉的，不再由相应的高级人民法院审理，而是由最高人民法院审理。需要强调的是，这里的专利民事案件仅包括发明和实用新型，而专利行政案件则囊括了外观设计在内的3种专利类型。

最高人民法院知识产权法庭成立后，各地的高级人民法院审理的专利权案件必然会大幅减少。因为现在专利二审案件不再由高级人民法院管辖，而专利一审案件只有标的额特大，才会直接由高级人民法院管辖。但目前，此类巨额索赔案件在国内还是屈指可数。高级人民法院富有经验的知识产权法官们，一部分被选拔去最高人民法院继续审理知识产权案件，而留下的法官们则可能面临着无专利案件可审的尴尬。解决这一问题比较合适的方法可能是允许高级人民法院对部分专利一审案件进行提审。毕竟《民事诉讼法》明确规定，上级人民法院有权审理下级人民法院管辖的第一审民事案件。

2019年4月30日，最高人民法院将中级人民法院受理的民事案件诉讼标的额上限大幅度提高到人民币50亿元。该规定同样适用于知识产权领域，但涉及发明专利、实用新型专利、植物新品种、集成电路布图设计、技术秘密、计算机软件、垄断等纠纷的案件除外。也就是说，此类案件的标的额不需要达到人民币50亿元就可由高级人民法院管辖。

在我国的知识产权民事案件中，诉讼标的额超过亿元的屈指可数，超过人民币50亿元的似乎从未出现过。截至目前，赔偿数额最高的是"王老吉诉加多宝侵害商标权纠纷案"，一审判决赔偿额为人民币14.4亿元。[5] 不过，最高人民法院认为本案一审判决采信的证据在内容与形式上均存在重大缺陷，不能作为认定案件事实的依据，裁定撤销原判，发回重审。[6]

在专利领域，当年号称"中国专利侵权赔偿第一案"的"正泰公司诉施耐德公司专利侵权案"，一审判决赔偿人民币3.348亿元[7]，二审则通过调解，改为赔偿人民币1.575亿元。[8] 在2016年到2018年期间，赔偿数额最高的专利案件似乎是"华为诉三星侵犯专利权案"，赔偿金额为人民币8050万元。[9]

注释

1.该证据为四友公司提交的新癸酸缩水甘油酯和异丙醇的反应实验，用以证明新癸酸缩水甘油酯可与异丙醇在碱催化反应下生成分子量为288的分子离子峰。

2.骆倩雯："郊区法院将不再受理知产民事案"，载《北京日报》2015年12月24日第10版。

3.杨敏锋："从分散到集中的螺旋发展：30年来专利纠纷管辖法院数量变迁简史"，"万慧达知识产权"微信公众号，2017年1月11日。

4.韩羽枫、崔可："新发展！知识产权案件管辖分析"，"IPRdaily"微信公众号，2017年12月7日。

5.参见广东省高级人民法院（2014）粤高法民三初字第1号民事判决书。

6.参见最高人民法院（2018）最高法民终1215号民事裁定书。

7.参见温州市中级人民法院（2006）温民三初字第135号民事判决书。

8.参见浙江省高级人民法院（2007）浙民三终字第276号民事调解书。

9.参见福建省泉州市中级人民法院（2016）闽05民初725号民事判决书；福建省高级人民法院（2017）闽民终501号民事判决书。

12

四友鉴定，第二路径定分明

【**提要**】

为解决本案原被告在鉴定上的争议，合议庭召集双方谈话，协调鉴定相关事项。在鉴定内容上，迈图公司希望只鉴定四友公司所主张的第二条路径是否成立，而避开在A步骤中加入IPA是否会产生特征性杂质的问题。合议庭则明确，两个问题都需要进行鉴定。在本次谈话时，四友公司提交了河北省科技咨询服务中心出具的鉴定意见，证明新癸酸缩水甘油酯和异丙醇在碱性环境下可以生成分子量为288的物质，即疑似“BIA”，确凿无疑地证明了第二条路径的存在。

事件回顾

回到北京后，杨颖向合议庭提出了与迈图公司共同进行司法鉴定的建议，但是迈图公司一直未对此进行回复。杨颖又催问了两次，都没有结果。四友公司于是推测，迈图公司可能不同意共同申请鉴定。

鉴于此，孙兰波向杨颖建议由四友公司单独做鉴定，单独承担举证费用。杨颖起初并不赞成，后来觉得迈图公司一直没有回应，四友公司也无法承担不举证的后果，最终同意进行鉴定。在本案中，迈图公司的鉴定机构为上海市科技咨询服务中心，故四友公司选择了属于同一系统，具有相同资质的河北省科技咨询服务中心。

当四友公司的鉴定开始进行后，迈图公司不知基于何种考虑，又表示同意进行共同鉴定。合议庭对此很是欢迎，及时电话通知了杨颖。杨颖告知合议庭，四友公司的单方面鉴定已经在进行中，合议庭表示等待实验能否成功的结果。

法庭回放

双方当事人都表示同意申请鉴定，但都未提交正式的书面申请。为此，合议庭于2014年9月23日上午，召集双方当事人进行谈话，明确鉴定相关事项。

本次谈话由主审法官李法官主持，王书记员记录，迈图公司的三位代理律师和四友公司的五人组全数到场。

谈话开始后，迈图公司表示申请鉴定，并提交鉴定申请。迈图公司请求的鉴定事项为："在含有ECH的缩水甘油酯中加入IPA，通过实验验证IPGE和BIA是否同时生成。"

法官：不要找上海、北京、河北的鉴定机构，其他地方的鉴定机构可由双方协商确定。

上诉人律师：我们想了解下江苏省高级人民法院有无鉴定机构的名录。

法官：有鉴定机构名录，但不一定有本案相关方面的机构。我认为可能在高校的实验室中会有设备，但法院也不清楚哪些高校能够承接此种实验。如果有高校可以做此实验，那么就可以由鉴定机构进行委托。

被上诉人专利代理人：我认为一般有化学系的高校应该都可以。

上诉人律师：江苏省科技咨询中心、江苏省高新技术创业服务中心，这两家是有鉴定资质的，但高校我没有了解过。

孙兰波：我们认为也不应该在江苏进行鉴定。

法官：这也可以，你们可以在江苏周边省市了解一下。

敲黑板

当事人申请鉴定时，鉴定机构需由双方当事人协商确定，如协商不成，则由法院指定。上海、北京和河北分别为华诚律所/迈图公司、万慧达律所和四友公司所在地，为避免某一方当事人拥有“主场优势”，故法院要求排除这三地的鉴定机构。迈图公司希望由法院所在地的鉴定机构鉴定，但四友公司不同意，故法院要求双方就鉴定机构进行协商。

法庭回放

鉴定机构的选择问题有了方向后，迈图公司和四友公司就需要鉴定的内容展开激烈争辩。

法官：还有一个问题，鉴定结果如果是能够同时生成IPGE和BIA，是否就能够证明使用了涉案方法？

上诉人律师：如果不能同时生成，说明四友公司的做法就被排除了，那么我们的观点的盖然性就大。

上诉人律师：上次听证时，四友公司也表示如果其方法被证明不能成立，就赞成我们的观点。

法官：这个观点成立的前提是，利用迈图公司的方法也必然产生此种杂质。

上诉人律师：该问题在一审中我们已经提供证据证明。虽然没有通过鉴定来证明，但我们委托上海市科技咨询服务中心进行了实验，一审法院对此也认可，我认为对这个问题二审中不需要再进行鉴定。

法官：迈图公司的方法能否必然产生特征性杂质，利用四友公司的方法能否产生此种杂质，这两个方面应该都需要鉴定。仅仅鉴定四友公司的方法，不能必然得出结论。

被上诉人专利代理人：一审法院对迈图公司的鉴定意见是认可的，但认为与本案没有关系，故没有支持迈图公司的诉讼请求，就是说一审的相关报告没能体现其主张能够成立。

上诉人律师：我们的主张是只有在步骤A中加入IPA才能在最终产物中产生IPGE和BIA。

法官：权利要求书中没有明确表示能够必然产生特征性杂质，采用专利方法究竟是否必然产生特征性杂质，这个也需要通过鉴定证明。

上诉人律师：因为涉及鉴定费用问题，我们庭后再跟当事人沟通，一周后我们给法院答复。

法官：用专利方法能否必然产生特征性杂质，从步骤D中加入IPA能否产生特征性杂质，这两个方面的鉴定事项，上诉人回去跟当事人沟通一下。

在鉴定内容上，迈图公司希望只鉴定四友公司所主张的第二条路径是否成立，而避开在A步骤中加入IPA是否会产生特征性杂质的问题。李法官则明确，两个问题都需要进行鉴定。

孙兰波：如果鉴定结论是用专利方法A步骤必然能够且只能在A步骤中产生特征性杂质，而用被上诉人的方法不能产生特征性杂质，这就没打破迈图公司所主张的唯一性，我们就认可败诉。我们自己单方委托河北省科技咨询服务中心进行了鉴定，按我们自己主张的方法去验证，现提交该鉴定意见书。该鉴定是应合议庭的要求做的，作为二审的证据。

法官：上诉人也看下被上诉人提交的这份鉴定，再考虑下是否申请鉴定。

上诉人律师：好的，我们回去研究一下。

孙兰波：河北省科技咨询服务中心的鉴定组成员是河北科技大学、中国人民大学、北京大学的教授。实验在河北科技大学进行，鉴定则委托北京微量化学研究所进行，这与一审中原告的最初起诉证据是同一家检测单位。我想，即使再找其他的鉴定机构，应该也超不出该鉴定组的水平。我们的鉴定花了人民币10万元左右。在鉴定意见书的最后几页附了鉴定机构的资质证明、鉴定组专家资质、实验过程和实验设备。买的原料也都封存了。

在2014年9月18日，四友公司所委托的河北省科技咨询服务中心完成了鉴定，出具了冀科咨鉴字［2014］第020号鉴定意见书（简称河北鉴定），堪堪赶上在本次谈话中提交。

李法官看了四友公司提交的鉴定意见后，要求迈图公司根据该鉴定意见，仔细考虑是否申请鉴定及具体的鉴定事项，一周内给法院答复。迈图公司表示同意。孙兰波补充道，希望鉴定实验过程双方能够在场。

自此，本次关于鉴定事项的谈话结束。

鉴定意见

河北鉴定采用实验和专家评议的方式，涉及的委托鉴定事项共有三项：

（1）通过实验验证分析来确认，四友公司生产的Shigena-10P

（新癸酸缩水甘油酯）中是否含有ECH（环氧氯丙烷）、IPA（异丙醇）、IPGE（异丙基缩水甘油醚）和m/z289的分子离子峰代表物质（疑似内嵌醇BIA）。

（2）通过实验验证分析来确认，新癸酸缩水甘油酯和异丙醇在有氢氧化钠存在的条件下，是否可以反应产生疑似内嵌醇BIA；且在Shigena-10P中有残留微量的ECH的情况下，该反应中是否有微量的IPGE生成。

（3）通过实验验证分析来确认，在有少量ECH存在时，新癸酸缩水甘油酯和异丙醇在有氢氧化钠存在的条件下，是否可以反应产生疑似内嵌醇BIA；同时是否还有IPGE的生成。

抽丝剥茧

在河北鉴定中，第一项鉴定事项是证明四友公司产品中是否存在IPA、IPGE和BIA。只有产品中本来不存在IPGE和BIA，在后续实验中又检测出这两种物质，才能证明这两种物质是在实验中产生的。为证明该事项，鉴定机构将四友公司提供的样品送去北京微量化学研究所分析测试中心检测。该检测机构正是迈图公司在本案一审起诉时所委托的检测机构，采用的检测条件也相同。如果法院认可该检测机构为迈图公司出具的检测报告，那也应当认可其针对四友公司样品出具的检测报告。四友公司一直主张仅通过质谱的分子量不能确定物质结构，故称m/z289的分子离子峰代表物质为“疑似内嵌醇BIA”。

第二项和第三项鉴定事项都是证明在专利反应的D步骤中加入

IPA，是否会同时产生BIA和IPGE。迈图公司在二审中主张，在此种情况下能够生成BIA，但不能够生成IPGE，该鉴定事项就是为了推翻迈图公司的主张。第二项和第三项鉴定事项的不同之处是后者加入了ECH。四友公司的新癸酸缩水甘油酯产品中本身带有微量的ECH，但含量远低于专利方法D步骤中ECH的含量，因为D步骤还未进行提纯。为此，四友公司委托申请了第三项鉴定事项，用于进一步验证。

鉴定意见

河北鉴定的两次反应，投料量分别如表12.1所示。

表 12.1　物质投料量

名称	新癸酸缩水甘油酯	异丙醇	环氧氯丙烷	40%的氢氧化钠溶液
实验一（鉴定事项二）	200g	22.22g	无	8.74g
实验二（鉴定事项三）	200g	22.22g	11.11g	8.74g

抽丝剥茧

在鉴定实验中，不管是生成IPGE还是BIA，都需要在碱性环境下进行，故强碱NaOH的量是实验关键。在河北鉴定中，NaOH的投料量参照了涉案专利中的比例，二者基本一致。在涉案专利的实施例1中，最终生成的新癸酸缩水甘油酯产品为420g，D步骤中加入的50%NaOH溶液为15g，NaOH的重量为缩水甘油酯的4.5%。在河北鉴定中，NaOH溶液为8.74g，浓度为40%，相当于50%的NaOH6.99g，为缩水甘油酯的3.5%，与涉案专利在同一个数量级。

鉴定意见

河北鉴定的具体实验条件如下。

500ml三口圆底烧瓶配有温度计、冷凝器、搅拌器、搅拌桨；用恒温水浴加热。按照投料量向烧瓶中投入原料，投料完成后，开冷却水，开动搅拌，转速控制在400r/min，升温，使反应介质温度升至65℃，保持在该温度下搅拌反应1h。静置30min，用带有长针头的注射器，分别5次抽取上层液各15ml，分别放入5个离心管中进行离心机分离。离心机转速为3500r/min，离心时间为5min，使有机相和无机相充分分离。再用注射器分别抽取离心管上层有机相液，得到5个样品，每瓶约10ml。对这5个样品分别封存，其中1个用于样品检测，另4个存放于鉴定机构备复核。

为避免争议，河北鉴定对实验中的各项反应条件都进行了严格的规定，包括反应容器、搅拌方式、反应温度、反应时间、反应液分离、取样等各个细节。

在河北鉴定中，样品获得后，被送至北京微量化学研究所分析测试中心检测。样品的具体检测条件如下。

将送检样品用正己烷1：4（1为样品，体积比）稀释后，直接进行气质联用分析（GC-MS），采用EI源，并通过标准品和质谱谱库比对分析来检测其中是否有IPA和IPGE的存在，采用CI源来检测其中是否有疑似内嵌醇BIA的存在。

抽丝剥茧

检测条件中的“气质联用”指的是将样品通过气相色谱分离后，直接进入质谱进行检测。在质谱检测中，由于IPGE和IPA为已知物质，有标准质谱图进行对照，故使用的是电子轰击（Electron Impact，EI）离子源。该种方法采用高速电子束冲击样品，产生电子和分子离子，然后与标准图谱进行比对。迈图公司所主张的BIA是一种成分复杂的混合物，不存在标准图谱，但分子量是288，故采用化学电离（Chemical Ionization，CI）离子源，此种方式分子的碎裂程度比较小，用于检测未知物的分子量。

鉴定意见

河北鉴定的检测结果和结论如表12.2所示。

表 12.2 检测结果和结论

物质名	电子电离 GC-MS			化学电离 GC-MS	结论
	异丙醇	环氧氯丙烷	异丙基缩水甘油醚	疑似内嵌醇 BIA	
Shigena-10P	无	微量	无	无	Shigena-10P 中不含有 IPA 和 IPGE，也不含疑似内嵌醇 BIA；含有微量 ECH。该产品适用于验证实验

续表

物质名	电子电离 GC-MS			化学电离 GC-MS	结论
	异丙醇	环氧氯丙烷	异丙基缩水甘油醚	疑似内嵌醇 BIA	
异丙醇	/	/	无	无	IPA 中不含有 IPGE，也不含有疑似内嵌醇 BIA；因此其不会将该两个杂质带入验证实验中去
环氧氯丙烷	/	/	无	无	ECH 中不含有 IPGE，也不含有疑似内嵌醇 BIA；因此其不会将该两个杂质带入验证实验中去
实验一样品	有	/	微量	有	Shigena-10P 与 IPA 在氢氧化钠溶液存在下，加热反应会产生疑似内嵌醇 BIA。此外也有极微量 IPGE 产生，是 Shigena-10P 中微量残存的 ECH 与 IPA 在氢氧化钠溶液催化下反应形成的，这说明在微量的 ECH 存在下，IPA 也会因为碱催化与之反应形成微量 IPGE
实验二样品	有	/	有	有	Shigena-10P 与 IPA 和 ECH 在氢氧化钠溶液存在下，加热反应会产生疑似内嵌醇 BIA。此外其中的 IPA 和少量的 ECH 在氢氧化钠溶液催化下也会形成 IPGE

注：

①河北鉴定原文中每个实验都单独用一个表格表示，本书将五个表格进行了合并，其中表格中的“/”代表未进行此项目检测；

②河北鉴定原文中将分子量为288的物质表述为“m/z289的分子离子峰代表物质（疑似内嵌醇BIA）”，本书中将其简称疑似内嵌醇BIA。

根据前述实验结果，河北鉴定的鉴定意见如下：

（1）四友公司生产的新癸酸缩水甘油酯Shigena-10P中不含有IPA、IPGE和疑似内嵌醇BIA。

（2）新癸酸缩水甘油酯在氢氧化钠存在下可以与IPA反应生成疑似内嵌醇BIA，其生成路径如图12.1所示。

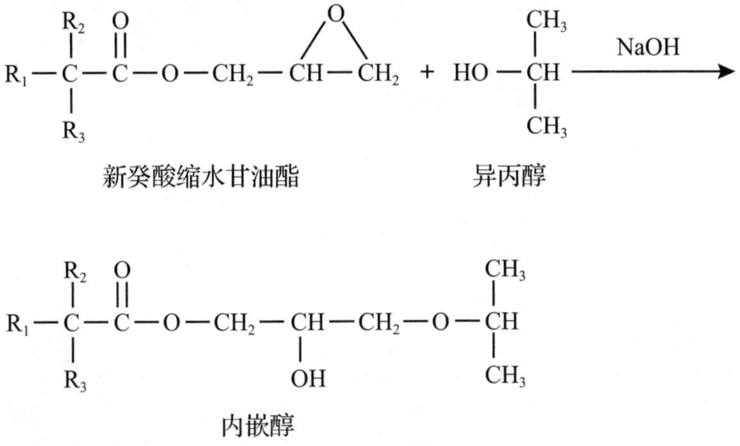

图 12.1 BIA 由酯和醇反应的生成路径

（3）在有少量ECH存在下，新癸酸缩水甘油酯在氢氧化钠催化下可以与IPA反应生成疑似内嵌醇BIA，同时存在的IPA和ECH也可以在氢氧化钠催化下反应生成IPGE，其生成路径如图12.2所示。

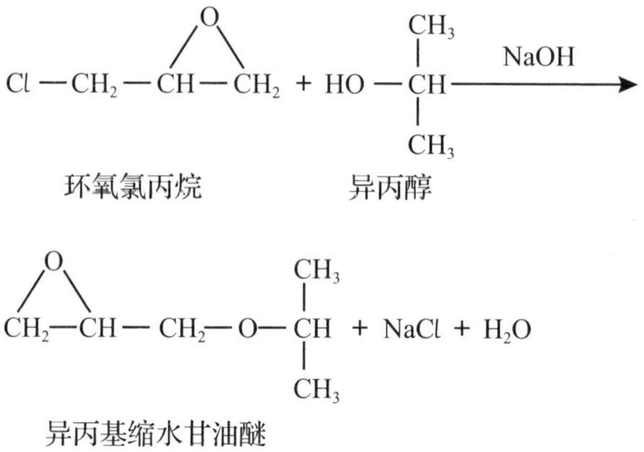

图 12.2 IPGE 的生成路径

敲黑板

河北鉴定作出后，本案实际上大局已定。在本案一审中，法院判决迈图公司败诉的主要理由之一是迈图公司并未排除在D步骤中加入IPA生成IPGE和BIA的可能性。而河北鉴定的内容清晰无误地显示，这条路径确实存在。除非迈图公司有确凿的证据推翻河北鉴定，否则二审依然会败诉。

事件回顾

据孙兰波回忆，在2014年6月4日二审第一次听证结束，五人组开完会后，他一夜未眠，独自一人在入住的华东宾馆院子里溜达，直到天明。

迈图公司代理律师在听证会最后的发难警醒了孙兰波，很明显迈图公司绝不会善罢甘休。现在四友公司已经逐步掌握了节奏，继续推进下去迈图公司必败无疑。为扭转败局，迈图公司极有可能会放出大招进行反击。

迈图公司究竟会采用何种策略，孙兰波实在猜不出来。但是，他已下定决心，要争取主动，先把鉴定做出来，把证据准备好。正如《九阳真经》有云："他强任他强，清风拂山岗，他横由他横，明月照大江。"只要四友公司的鉴定意见无懈可击，那就可以立于不败之地。

现在，四友公司的鉴定意见已经交给了法庭，接下来就等着看迈图公司如何出招。

法律茶座：侵权赔偿

在知识产权侵权案件中，权利人的主要诉讼请求除"停止侵权"外，就是"赔偿损失"。在本案中，迈图公司在起诉时主张的赔偿金额高达人民币1120万元。

值得强调的是，在知识产权案件中，赔偿金额的确定一直属于疑难问题。因为知识产权的客体是创造物而非种类物，其价值不能用社会必要劳动时间来衡量。知识产权价值的实现及其大小，是众多市场因素相互交织影响的结果，并可能随着时间的变化而波动。"对损害或损害额的证明度难易的认定从来就不是一个单纯的事实问题，而是一个需要融入法官价值判断与规范评价的过程。"[1]

为避免损害赔偿的不确定性，《专利法》和《商标法》都对损害赔偿的数额进行明确规定，大致都按照“实际损失”“侵权人的获利”“合理的许可费”以及“法定赔偿”的先后顺序来计算。《著作权法》除没有规定参照许可费计算外，同样是遵循前述思路。此外，虽然法律明确规定了赔偿计算的顺序，但在实务中，权利人只要宣称难以按照在先的计算方式来计算，就可以适用在后的赔偿计算方式。

在实务中，绝大部分的知识产权侵权案件都是按照法定赔偿来计算的。有学者对2011~2016年间的9057件知识产权侵权案件进行统计，发现按照法定赔偿计算的案件共有8666件，占样本总数的95.68%。其中，著作权侵权纠纷有5361件，适用法定赔偿的共有5216件，占97.3%；专利权侵权纠纷有2115件，适用法定赔偿的有2004件，占94.75%；商标权侵权纠纷有1206件，适用法定赔偿的有1126件，占93.37%；其他案例有320件，适用法定赔偿的有308件，占96.25%。[2]

在实务界，法定赔偿适用比例过高也成为业内人士认为知识产权案件赔偿过低的一个重要理由。由于司法的被动性，法院采用何种计算方式，取决于权利人的主张，而权利人倾向于采用法定赔偿，是由于知识产权案件本身的特点，采用前三种计算方式计算赔偿时，举证方面比较艰难。

第一种方式，即按照实际损失计算，体现了民法领域的“填平原则”，损失多少就赔偿多少。对知识产权的损害主要是一种财产损害，不限于侵权行为完成时已发生的财产损失，还包括未来的可得财产权益的损失，其实质是对知识产权蕴含的资产价值的损害。[3] 但是，权利人很难证明侵权行为和权利人利润减少之间的因果关系，以及该利润的具体数额。因为正品销量的减少除受侵权行为影响外，还与市场环境等其他因素相关。只有当权利人和侵权人在同一市场中竞争，且两者的产品充分相互替代时，才能够适用“实际损害”来计算赔偿数额。[4]

需要注意的是，如果权利人将知识产权进行独占许可（著作权领域称为专有许可），那就意味着在许可期限内，权利人本身也无法使用该知识产权。此时，如果发生侵犯该知识产权的案件，被许可人才是直接受害者，而权利人则未必遭受实际损失。此时，如果权利人单独起诉，则很可能面临无法获得赔偿的尴尬。如在“五贝子商标侵权案”中，一审法院判决被告赔偿商标权人经济损失及制止侵权的合理开支共计人民币25万元；二审法院则认为商标权人已将涉案商标独占许可给案外人使用，在商标许可期间商标权人无权使用该商标，对涉案商标不享有除收取许可使用费外的其他经济权利，商标权人也未就涉案被控侵权行为给其造成的实际经济损失进行举证，故对其赔偿损失的请求不予支持，但对权利人为制止侵权所支付的合理开支酌情支持了人民币1.5万元。[5]

第二种方式，即按照侵权人的获利来计算隐含了一个前提，这就是侵权人获得的利益即权利人所失去的。事实上，这个前提在很多情况下并不成立。在侵犯著作权案件中，如果产品整体构成侵权，如出版盗版书籍或者盗播电影，则可根据涉案作品的收益计算赔偿额；如果产品中的部分构成侵权，则应当根据侵权内容在整个产品中的实际情况进行判断。如在“方正公司诉暴雪案”中，暴雪公司未经许可，在游戏《魔兽争霸》中使用了方正公司的字体，方正公司在诉讼中主张按照该游戏的运营收入或以已销售的网络游戏《魔兽世界》客户端软件的数量乘以涉案方正兰亭字库中每款字体的单价的方式确定赔偿数额，索赔金额高达人民币4.08亿元。法院则认为不能将涉案游戏的全部收入归因于方正公司的字库，综合考虑本案的各项情况，确定赔偿金额为人民币200万元。[6] 该金额还不到方正公司为本案所支付费用（包括诉讼费、鉴定费、律师费等各项费用在内）的一半。

在侵犯商标权案件中，需要考虑侵权人的产品利润总额与侵权行为之间的直接因果关系。如在“新百伦案”中，一审法院以新百伦公司被诉侵权期间销售获利总额的1/2作为计算赔偿损失的数额，判决新百伦公司赔偿商标权人周某某经济损失人民币9800万元；二审法院则认为新百伦公司的经营获利并非全部来源于侵害涉案商标，最终判决的包括合理开支在内的赔偿额共计人民币500万元。[7] 又如在“卡斯特商标侵权案”中，一审法院温州市中级人民法院判定的赔偿数额为人民币3373万元[8]，浙江省高级人民法院二审维持了该金额[9]，而最高人民法院再审时将其改为人民币50万元。[10]

第三种方式，按照合理许可费赔偿，是指“以有意合法制造、销售或利用该知识产权以获得市场合理利润的人，在市场上所愿意支付的许可费数额，作为知识产权人最低应可获得赔偿额。”[11] “当权利人可以在市场上发放许可时，许可费用的合理倍数，就是权利人的实际损失。”[12] 然而，权利人的知识产权往往并未对外许可，另外每项知识产权都有其特殊性，故很难使用类似权利的许可费进行参照。

第四种方式，法定赔偿，指的是法律规定赔偿数额的范围，由法院在该范围内，根据案件的实际情况判定赔偿数额。根据现行法律规定，专利权的法定赔偿数额为人民币1万元以上，100万元以下；商标权的法定赔偿数额为人民币500万元以下；著作权的法定赔偿数额为人民币50万元以下。三种知识产权的赔偿数额上限不同是由于法律的“版本”不同，修改时间越近的法律，赔偿标准越高。

《专利法》2008年修正，将法定赔偿上限从人民币50万元提高到人民币100万元；《商标法》2013年修正，将法定赔偿上限从人民币50万元提高到人民币300万元，2019年修正又提高到人民币500万元。相信《专利法》和《著作权法》下一次修订后，法定赔偿的上限可能还会大幅提高。

按照法定赔偿计算赔偿数额属于“最后的选择”，如果权利人能够采用前三种方式计算赔偿数额，则排除法定赔偿的适用。不过，在有些案件中，权利人无法证明侵权受损或侵权获利的具体数额，但有证据证明前述数额明显超过法定赔偿最高限额的，法院会综合全案的证据情况，在法定最高限额以上合理确定赔偿额。此种赔偿方式被称为“酌定赔偿”。如在“3M商标侵权案”中，法院综合考虑了被告的侵权规模、时间、范围、情节，侵权产品的利润率，侵权的主观故意，“3M”商标和商号知名度，被告拒绝提交财务凭证等因素，判决被告赔偿人民币350万元。[13] 值得一提的是，本案适用的是2001年的《商标法》，当时的法定赔偿额上限仅为人民币50万元。

在侵犯知识产权案件中，赔偿数额还包括权利人为制止侵权行为所支付的合理费用，如律师费，而在其他类型的侵权案件中，权利人并不享有这一“特权”。知识产权赔偿中包括合理费用源自TRIPs协定，这也正是对知识产权进行强保护的一种体现。在实务中，律师费往往只能获得部分支持。“法院常常以原告的经济损失诉请并未得到全额支持为由，以及纠纷案件的难易程度、律师工作量、同类地区律师收费标准等因素，判定酌情支持部分必要合理费用。”[14] 值得一提的是，近年来，江苏法院秉着“最严格知识产权司法保护”的理念和实践，认为权利人的律师费支出，若无明显不合理因素的，可以全额支持。[15]

需要强调的是，随着知识产权保护强度的日益增大，知识产权赔偿中还引入惩罚性赔偿制度。2013年《商标法》修订时规定，对恶意侵犯商标专用权，情节严重的，可以在权利人损失、侵权人获益以及合理许可费的1倍以上3倍以下确定赔偿数额。2019年《商标法》再次修订时，又将其提高到1倍以上5倍以下。目前《著作权法》和《专利法》也正在修订过程中，相信同样可能会引入惩罚性赔偿制度。

注释

1.徐聪颖："论侵害知识产权的裁量性判赔"，载《知识产权》2018年第11期，第19~27页。

2.曹新明："我国知识产权侵权损害赔偿计算标准新设计"，载《现代法学》2019年第1期，第110~124页。

3.吴汉东："知识产权损害赔偿的市场价值分析：理论、规则与方法"，载《法学评论》2018年第1期，第65~74页。

4.王迁、谈天、朱翔："知识产权侵权损害赔偿：问题与反思"，载《知识产权》2016年第5期，第34~39页。

5.参见安徽省高级人民法院（2017）皖民终525号民事判决书。

6.参见最高人民法院（2010）民三终字第6号民事判决书。

7.参见广东省广州市中级人民法院（2013）穗中法知民初字第574号民事判决书；广东省高级人民法院（2015）粤高法民三终字第444号民事判决书。

8.参见浙江省温州市中级人民法院（2009）浙温知初字第397号民事判决书。

9.参见浙江省高级人民法院（2012）浙知终字第166号民事判决书。

10.参见最高人民法院（2014）民提字第25号民事判决书。

11.李军："知识产权侵权合理许可费赔偿的哲学基础"，载《学术探索》2018年第8期，第89～93页。

12.李明德："关于知识产权损害赔偿的几点思考"，载《知识产权》2016年第5期，第3～9页。

13.参见浙江省高级人民法院（2015）浙知终字第152号民事判决书。

14.宋健："知识产权损害赔偿问题探讨——以实证分析为视角"，载《知识产权》2016年第5期，第10～19页。

15.夏道虎："最严格知识产权司法保护的理念和实践"，"人民司法"微信公众号，2019年6月12日。

13

欲挽败局，
鉴定申请藏玄机

【提要】

关于鉴定的谈话结束后，迈图公司于2014年9月和10月两次提交《鉴定申请书》，申请对涉案技术内容进行鉴定。万慧达律师和四友公司仔细研究后，认为该鉴定内容和实验设计存在重大问题，故向法院提交了答复意见和补充意见。迈图公司也对四友公司的意见进行了回应。另外，为证明迈图公司仅通过分子量确定物质结构并不靠谱，万慧达律师提交了“终极武器”——数千种分子量为288的化合物信息。2015年2月，迈图公司补充提交了一份鉴定意见，试图推翻四友公司河北鉴定的结论。然而万慧达律师和四友公司发现，该鉴定意见的验证实验存在大量的问题，尤其是验证实验中的各项细节设置，明显是为了使IPGE无法检测出来。

事件回顾

四友公司提交的河北鉴定证明了IPGE和BIA存在第二种合成路径，完全打乱了迈图公司的计划。此外，二审合议庭也一直要求迈图公司提供证据来证明采用涉案专利方法制备得到的新癸酸缩水甘油酯中含有IPGE和BIA。在双重压力下，迈图公司于2014年9月30日正式向江苏省高级人民法院提交了《鉴定申请书》。

鉴定申请

该鉴定申请书的申请事项写得比较概括，其内容为：“对涉案技术争议进行司法鉴定，以验证IPGE（异丙基缩水甘油醚）与BIA（内嵌醇）系专利方法的特征性杂质。”该鉴定申请书未提供鉴定实验的具体内容。

2014年10月24日，迈图公司重新提交了《鉴定申请书》。在新的鉴定申请书中，内容更为详细，具体申请事项如下。

对以下涉案技术争议进行司法鉴定：

（1）验证IPGE（异丙基缩水甘油醚）与BIA（内嵌醇）是否系

涉案专利方法的特征性杂质。

（2）验证新癸酸缩水甘油酯、ECH（环氧氯丙烷）、IPA（异丙醇）进行反应时是否会同时生成IPGE和BIA。

新提交的这份鉴定申请书中提供了上述两个鉴定实验的内容，具体内容如下。

鉴定实验（一）

1.实验目的

验证IPGE和BIA是否系涉案专利方法的特征性杂质。

2.实验中所用主要化学试剂或产物（见图13.1）

IPA（异丙醇）

VA10酸

ECH（环氧氯丙烷）

IPGE（异丙基缩水甘油醚）

BIA（内嵌醇）

KOH（氢氧化钾）

正辛烷（作为GC/GC-MS内标）

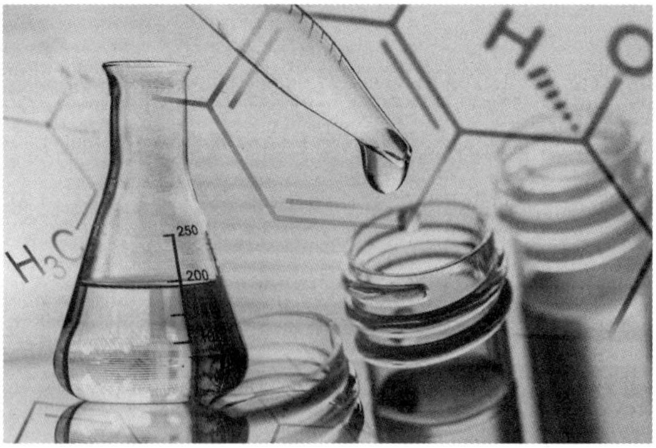

图 13.1 化学试剂（图片来源：Deposit / 图虫创意）

3.实验的具体操作

步骤（a）：

向装有机械搅拌器、加热套和与蒸馏柱连接的回流装置的250ml反应器中加入反应物，具体如表13.1所示。

表 13.1 反应物投料量

反应物	投料量 /mol	投料量 /g
VA10 酸	0.25	43.1
ECH	1	92.5
IPA	1.25	75
水	2.02	36.5

将混合物加热至75℃，然后加入11.2g50%（重量）的KOH水溶液（0.1mol）。在75℃保持80min，然后使反应混合物在5min内冷却至50℃。在该温度下发生相分离，随后排出底部水相。

在该步骤中检测反应物与回流液中是否含有IPGE和BIA（反应装置大致如图13.2所示）。

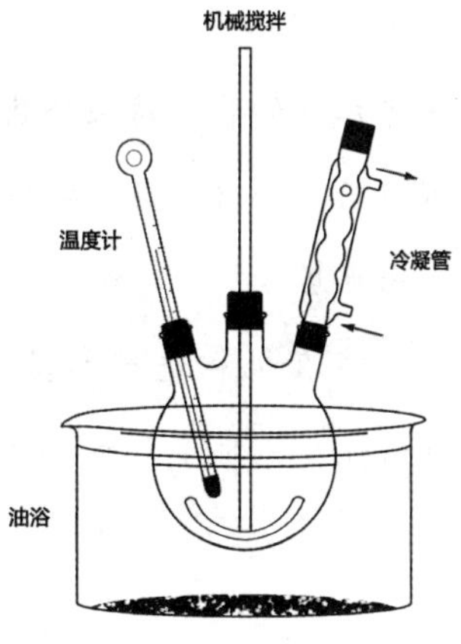

图 13.2 加热反应装置示意图 （邓哲绘）

步骤（b）：

加入21.28g50%（重量）的KOH水溶液（0.19mol），将混合物于80℃下搅拌40min，停止搅拌并使反应物分离为水相和有机相。

在该步骤中检测反应物与回流液中

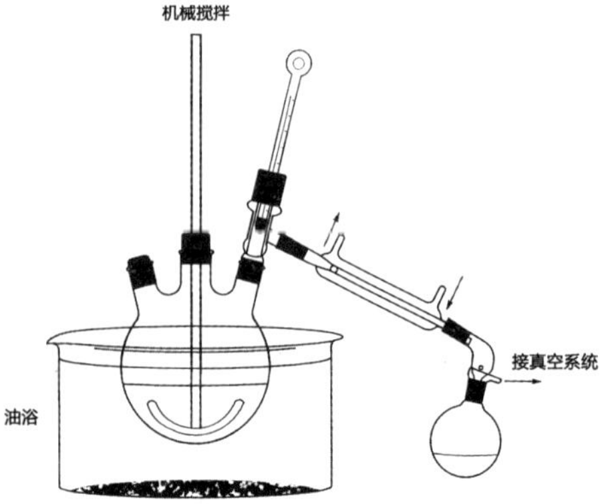

图 13.3 减压蒸馏示意图（邓哲绘）

是否含有IPGE和BIA。

步骤（c）：

将有机相蒸馏直至条件达到100mbar和110℃，然后将残余物通过水蒸气蒸馏除去ECH以及IPA（反应装置大致如图13.3所示）。

在该步骤中检测反应物与蒸除的ECH以及IPA中是否含有IPGE和BIA。

步骤（d）：

在55℃下加入2.24g50%（重量）的KOH水溶液（0.02mol），转化可水解的氯，将混合物于55℃下搅拌60min。之后加入适量水，静置1h后，排出水层。再加入适量水洗涤，搅拌10min，静置10min后，排出水层。

将有机相进行水蒸气汽提，然后干燥（终止条件为120℃，40mbar），对残余物进行分析，检测是否含有IPGE和BIA。

抽丝剥茧

该实验基本是按照涉案专利权利要求记载的步骤进行的，对A步骤的反应物和回流液进行检测，其目的是检测在该步骤中是否有IPGE和BIA生成。对D步骤的残余物进行检测，其目的是检测最终产品中是否存在这两种杂质。迈图公司在该实验中使用的碱是氢氧化钾

（KOH）而不是价格较为低廉的氢氧化钠（NaOH），不知是否另有玄机。

迈图公司认为，本实验的目的是“验证IPGE和BIA是否系涉案专利方法的特征性杂质”。但四友公司认为“特征性杂质”意味着带有唯一性，即使用专利方法必然会产生，使用专利之外的其他方法则必然不会产生。本实验只能证明前一个问题，不能证明后一个问题，故实验目的不应该是迈图公司所说的验证“特征性杂质”。

鉴定申请

鉴定实验（二）

1.实验目的

验证新癸酸缩水甘油酯、ECH与IPA进行反应是否会生成IPGE和BIA。

2.实验中所用主要化学试剂或产物

IPA（异丙醇）

ECH（环氧氯丙烷）

IPGE（异丙基缩水甘油醚）

BIA（内嵌醇）

不含有IPGE和BIA的新癸酸缩水甘油酯

3.实验操作

精确称取各组份加入到反应瓶中，将反应液于80℃下回流2h。反应结束后取样进行GC-MS检测，确认是否有IPGE与BIA生成，具体投料量如表13.2所示。

表 13.2 反应物投料量

反应物	不含有 IPGE 和 BIA 的新癸酸缩水甘油酯	IPA	50% 的 NaOH 溶液	ECH
投料量	1 1417g	1.4124g	0.0031g	0.0114~0.0171g

抽丝剥茧

该实验目的是验证新癸酸缩水甘油酯、ECH与IPA进行反应是否会生成IPGE和BIA，即模拟在涉案专利的D步骤中加入IPA，检测是否会产生前述两种杂质。在该反应中，NaOH为必不可少的反应物，NaOH不足会影响IPGE和BIA的收率，故反应物的比例需要与涉案专利保持一致。

经过计算可知，在涉案专利的实施例1中，NaOH的重量为最终生成的缩水甘油酯的4.5%；在迈图公司的实验（一）中，参照专利实施例1中的产率，并将其中的KOH质量按照NaOH折算，则碱的重量为缩水甘油酯的3.7%，与权利要求1大致在一个数量级；在实验（二）中，NaOH的重量则是缩水甘油酯的0.27%，是实验（一）中碱和酯重量比的7.34%。NaOH严重不足，自然会影响IPGE和BIA的生成。

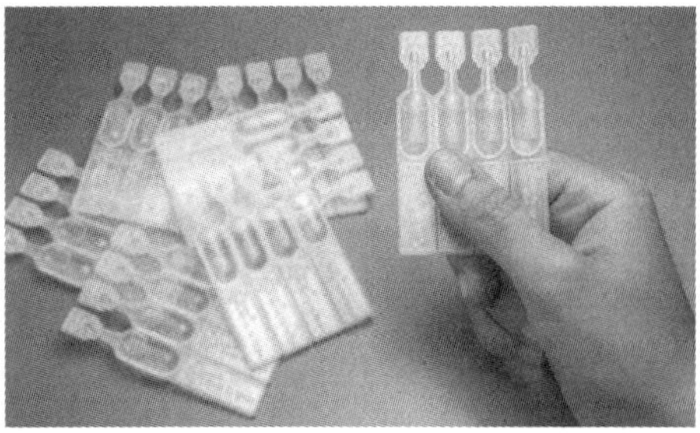

图 13.4 眼药水
（图片来源：Dreamstime / 图虫创意）

此外，实验（二）的全部反应物投料量不足2.6g，体积大致为2.6ml。市场上常见的“人工泪液”眼药水为1ml/支，实验（二）的投料量相当于两支半眼药水

（见图13.4）。实验（二）中的反应物ECH和新癸酸缩水甘油酯是脂溶性的，而NaOH水溶液为水溶性的，二者不相溶。为了使反应顺利进行，必须进行充分搅拌，增加反应物接触的机会。而实验（二）中的投料量很小，无法实现机械搅拌，采用的方式为回流，即仅加热不搅拌，反应恐怕难以顺利进行。

事件回顾

万慧达律师收到该鉴定申请和实验设计方案后，即与四友公司孙兰波一起进行深入研究，发现该鉴定内容和实验设计存在重大问题，故于2014年11月中旬向法院提交了《针对鉴定申请的答复意见》，并随后提供了补充意见，而迈图公司也于2015年1月上旬提交了《关于不同意〈针对鉴定申请的答复意见〉的意见》进行回应。

四友公司认为：（1）申请书的实验内容存在严重缺陷，不能作为司法鉴定的内容。在鉴定内容上，申请人的第2个鉴定事项及其实验（二）内容超出了法院准许其补交的证据范围，并且该验证内容已经由河北鉴定证明，除非有证据推翻河北鉴定，否则不应当重新鉴定。在实验设计上，两份实验都未给出详细的实验和分析方案，未对主产品新癸酸缩水甘油酯的结构及其纯度进行分析鉴定，实验（二）所设定的各个反应条件明显是在抑制IPGE和BIA的生成和被检出。

（2）迈图公司申请鉴定的内容对于本案不具有必要性，迈图公司并未证明四友公司的产品中存在IPGE和BIA，

IPGE和BIA本身也无法作为专利方法的特征性杂质，河北鉴定已证明IPGE和BIA的生成路径不具有唯一性。

（3）鉴定实验需要符合科学标准，化学实验设计应当和专利权利要求限定的范围严格一致，并保证不会由于反应试剂和实验仪器带入杂质，影响实验的准确性；反应物的检测和图谱解析，需要通过多种谱图进行验证。

在提交《针对鉴定申请的答复意见》之后，笔者在网上搜索相关技术资料，无意中发现“Guidechem”和“MOLBASE”这两个化工产品购买平台上可以通过分子式检索相关化合物的销售信息。另外，笔者还发现中国国家图书馆购买的知名化学数据库“Reaxys”中，同样可以通过分子式查询化合物（图13.5为笔者在中国国家图书馆所做的检索报告，图13.6为该检索报告中相关化合物的词条）。

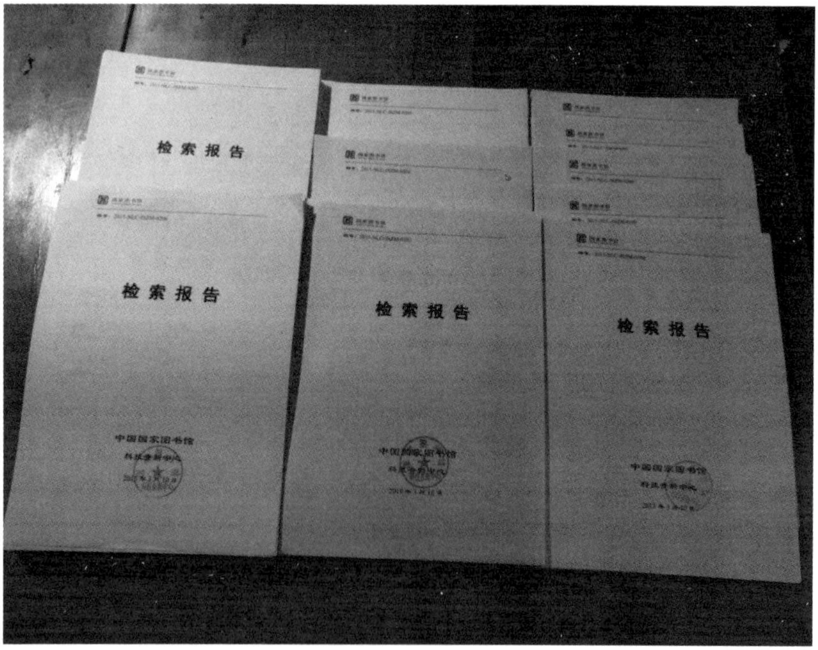

图 13.5 中国国家图书馆检索报告[1]（杨敏锋摄）

REAXYS®

Reaxys ID 1726725 View in Reaxys	1/269
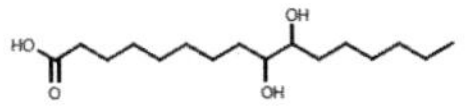	**CAS Registry Number**: 29242-09-9 **Chemical Name**: 9,10-dihydroxy-hexadecanoic acid; 9,10-Dihydroxy-hexadecansaeure **Linear Structure Formula**: $C_{16}H_{32}O_4$ **Molecular Formula**: $C_{16}H_{32}O_4$ **Molecular Weight**: 288.428 **Type of Substance**: acyclic **InChI Key**: MHWBJDVXYSGJET-UHFFFAOYSA-N **Note:**

Reaxys ID 1786898 View in Reaxys	2/269
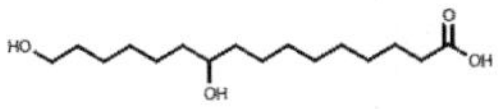	**CAS Registry Number**: 3233-90-7 **Chemical Name**: 10,16-dihydroxypalmitic acid; 10,16-dihydroxyhexadecanoic acid; 10,16-dihydroxy-hexadecanoic acid; 10,16-Dihydroxy-hexadecansaeure; 10,16-Dihydroxyhexadecansaeure **Linear Structure Formula**: $C_{16}H_{32}O_4$ **Molecular Formula**: $C_{16}H_{32}O_4$ **Molecular Weight**: 288.428 **Type of Substance**: acyclic **InChI Key**: VJZBXAQGWLMYMS-UHFFFAOYSA-N **Note:**

图 13.6　$C_{16}H_{32}O_4$ 的同分异构体示例（图片来源：Reaxys）

在本案中，迈图公司主张分子量为288的物质就是所谓的特征性杂质BIA。如果四友公司能提供大量分子量为288的化合物信息，无疑会直接推翻迈图公司的结论。为此，笔者检索了大量分子量为288的物质信息，作为参考资料提供给法院（具体数据如表13.3所示）。

从表13.3可以看出，仅以表中8个分子式为例，结构和理化性质已经得到确证的化合物就高达2445种，其中在市场上容易购买到的至少有130种。另外，和BIA的分子式（即$C_{16}H_{32}O_4$）完全相同的化合物也有269种。迈图公司主张仅凭分子量确定物质结构显然缺乏依据。

针对四友公司的意见，迈图公司认为：（1）该司法鉴定申请未超过法院准许的范围，法庭明确表示当事人均可补充新的证据，未限定申请人仅就“依专利方法获得的产品中是否存在IPGE和BIA”进行举证；前述司法解释仅

表 13.3 分子量为 288 的物质名录

分子式	Guidechem	MOLBASE	Reaxys
$C_{22}H_{24}$	13 种	9 种	293 种
$C_{21}H_{36}$	25 种	16 种	115 种
$C_{17}H_{36}O_3$	10 种	10 种	68 种
$C_{16}H_{32}O_4$	29 种	34 种	269 种
$C_{15}H_{28}O_5$	17 种	13 种	332 种
$C_{14}H_{24}O_6$	23 种	25 种	671 种
$C_{13}H_{20}O_7$	14 种	12 种	422 种
$C_{12}H_{16}O_8$	19 种	11 种	275 种
总计	150 种	130 种	2445 种

规定了需要重新鉴定的一种情形，并未排除其他情形；申请人提供由上海市科技咨询服务中心知识产权司法鉴定所出具的〔2014〕沪科技咨询知鉴字第30-1号司法鉴定意见书（简称上海30-1号鉴定意见），其结论可以推翻河北鉴定。

（2）申请人提交的两项鉴定实验内容完整、客观，具有可操作性和重复性，新癸酸缩水甘油酯产品的结构和纯度特征，在本案中无须考虑；四友公司主张需要进一步说明的部分，属于化学分析方面的公知常识，具有相关资质和条件的司法鉴定机构当然知晓，无须赘述；实验（二）的投料量、回流方式和反应物比例满足实验要求；确定物质结构的方法符合要求。

（3）申请人提出的两项司法鉴定申请与本案的争议技

> 术相关，目的是查清本案争议技术问题。四友公司生产的被控产品中含有IPGE和BIA，该节事实已经被一审判决认定；两项实验内容相结合能证明申请人在本案中提出的侵权主张；申请人委托上海市科技咨询服务中心对被申请人提出的主张进行了鉴定，得出了与四友公司提交的鉴定意见相反的结论，因此对该节事实有必要进行法院委托的司法鉴定。

迈图公司在此次答复意见中的核心理由之一是四友公司的河北鉴定与迈图公司所做的上海30-1号鉴定意见的鉴定结论相反，故需要就河北鉴定的内容进行法院委托的司法鉴定。

上海30-1号鉴定意见上记载的受理日期为2014年6月19日，完成时间是2014年9月7号，比四友公司的河北鉴定（完成时间为2014年9月18日）还早10多天。然而，在9月23日的合议庭谈话中，迈图公司并未提交该鉴定意见。直到2015年2月，四友公司收到该鉴定意见后，才有机会对其进行研究。

上海30-1号鉴定意见的委托事项为“通过实验验证分析，对应于涉案专利的酯化反应，在步骤D中加入IPA，最终产物是否会生成IPGE和BIA。”该鉴定意见的最终结论如下：

> 在鉴定条件下，在正癸酸缩水甘油酯与IPA的溶液中分别加入1%和1.5%的ECH进行反应，反应结束后最终反应物中仅检测到有正癸酸—内嵌醇生成，没检测到有IPGE生成。

敲黑板

迈图公司在上海30-1号鉴定意见中，抛弃了此前一直坚持的观点，即认为新癸酸缩水甘油酯不能和IPA反应产生BIA。该观点一方面已经被河北鉴定推翻，另一方面也没有得到迈图公司技术专家的支持。在一审的庭审中，迈图公司的专家曾教授和伍斯先生都承认，BIA的生成存在第二种路径。可以说，迈图公司的这一观点，已经基本上不可能成立。

因此，迈图公司采用“以退为进”的策略，承认BIA的生成存在第二条路径，但否认还会同时生成IPGE。这样，迈图公司就在自己的鉴定和四友公司的鉴定之间制造了差异，而根据相关司法解释[2]，这种差异可以成为申请重新鉴定的理由。

不过，迈图公司即使争取到重新鉴定也并不意味着万事大吉，关键还要使鉴定结果有利于自己。为此，迈图公司在实验设计上精心策划，以确保获得有利于自己的结果。

鉴定意见

迈图公司的上海30-1号鉴定意见实际上分成两大部分：第一部分，合成对照品。鉴定人合成“正癸酸缩水甘油酯”和“正癸酸一内嵌醇”作为“对照品”，合成路线如图13.7和图13.8所示。

第二部分，验证实验。鉴定人使正癸酸缩水甘油酯、IPA、ECH和50%NaOH反应，检测是否同时有IPGE和BIA生成。

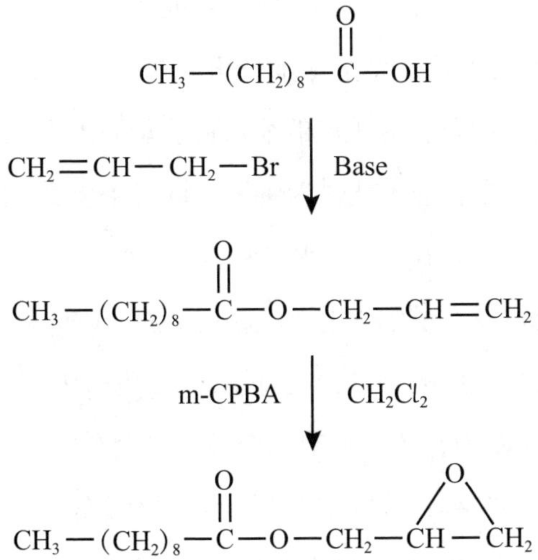

图 13.7 正癸酸缩水甘油酯的合成

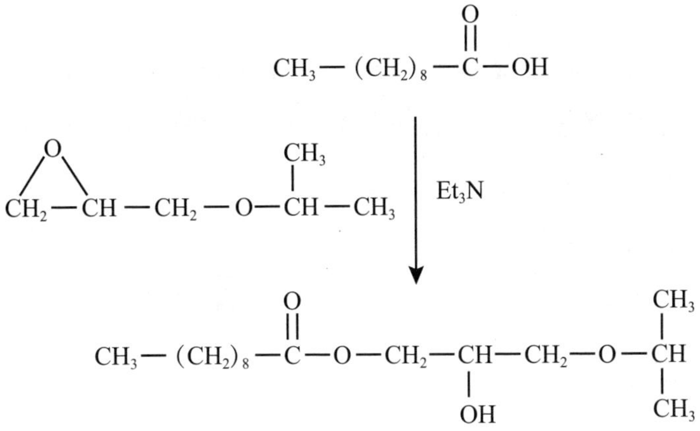

图 13.8 正癸酸—内嵌醇的合成

抽丝剥茧

鉴定人采用正癸酸作为反应起始物来合成缩水甘油酯和BIA也是能够理解的。在本案中，万慧达律师一再强调，由于新癸酸为多种成分组成的混合物，故其反应生成的缩水甘油酯和BIA都是混合物。由于BIA的成分不确定，故不能作为所谓的特征性杂质。为解决该问题，鉴定人决定采用单一成分的缩水甘油酯和BIA。

鉴定人自己合成正癸酸缩水甘油酯和正癸酸—内嵌醇，可能是因为市场上不能购买到相应的产品，也可能是因为证明现有产品中不存在IPGE和BIA比较麻烦，还不如自己合成。在含有10个碳原子的羧酸中，正癸酸最容易获得，故鉴定人采用了正癸酸作为反应起始物。在合成正癸酸缩水甘油酯的实验中，鉴定人使用了完全不同的合成路线，反应物和溶剂中也没有使用IPA、ECH和NaOH，以防止该产品中出现IPGE和BIA。

鉴定人在实验设计方面的确用心良苦，但是涉案专利为“制备支链羧酸的缩水甘油酯的方法”，而正癸酸并不属于支链羧酸。支链羧酸在羧基旁边的碳原子上带有支链，该羧基的活性以及空间位阻都会发生变化，很有可能会对本案所涉反应产生重大影响。为此，万慧达律师认为，由于该鉴定使用的并非支链羧酸，故鉴定结果缺乏相关性。

鉴定意见

在第一部分，对照品的合成中，鉴定人首先合成正癸酸烯丙基酯（分子式$C_{13}H_{24}O_2$，分子量212.332），再进一步反应生成正癸酸缩水甘油酯（分子式$C_{13}H_{24}O_3$，分子量228.332），最后生成正癸酸—内嵌醇（分子式$C_{16}H_{32}O_4$，分子量288）。在上海30-1号鉴定意见中，鉴定人采用核磁共振氢谱来确定物质。但是，鉴定报告中仅给出了谱图和具体数据，没有进行任何解析（见图13.9）。

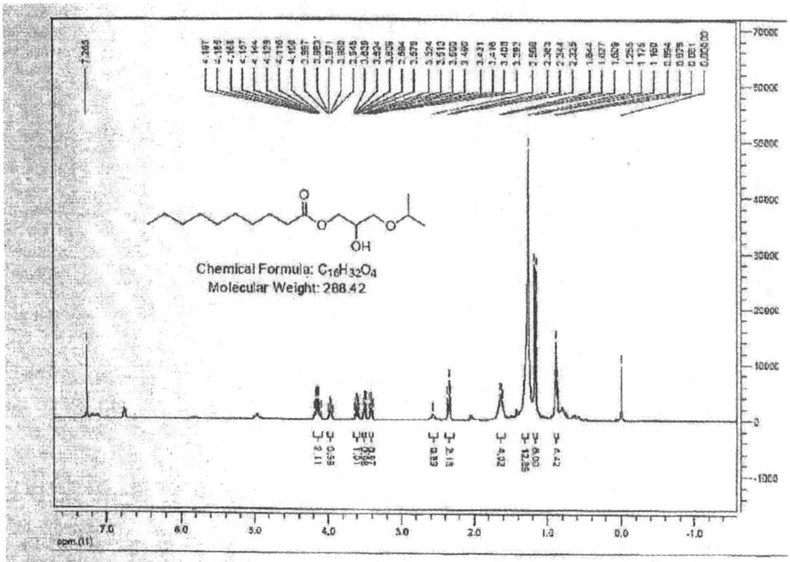

正癸酸—内嵌醇的核磁共振氢谱（具体谱图数据如下）

^{1}H NMR (400 MHz, $CDCl_3$) δ 4.14 (m, 2H), 3.97 (m, 1H), 3.61 (m, 1H), 3.31 (m, 1H), 3.41 (m, 1H), 2.66 (s, 1H), 2.34 (t, J = 7.6 Hz, 2H), 1.63 (m, 2H), 1.25 (m, 12H), 1.68 (d, J = 6.0 Hz, 6H), 0.88 (m, J = 6.0 Hz, 3H).

图 13.9　正癸酸—内嵌醇的核磁共振氢谱
（图片来源：上海市科技咨询服务中心知识产权司法鉴定所）

事 件 回 顾

万慧达律师认为不能仅通过核磁共振氢谱一种手段确定物质，更何况没有给出任何解析。为支持自己的观点，万慧达律师同样在

“Guidechem”“MOLBASE”以及“Reaxys”数据库中，对这两个分子式进行查询，并将检索结果在后续庭审中提交给法院。由于“Reaxys”中能够检索到的数据过多，故万慧达律师仅选择了其中前1000条数据制作成检索报告，检索结果如表13.4所示。

表 13.4 同分异构体数目

分子式	Guidechem	MOLBASE	Reaxys
$C_{13}H_{24}O_2$	310 种	190 种	2561 种
$C_{13}H_{24}O_3$	147 种	108 种	1982 种

抽丝剥茧

在上海30-1号鉴定意见的第二部分，验证实验中，鉴定人所采用的反应条件和迈图公司当初提出的鉴定申请书中的“鉴定实验（二）”基本一致。这似乎可以解释为何迈图公司给出的该实验的投料量如此“迷你”，因为前期合成的缩水甘油酯的量并不多。理论上，鉴定人要合成更多的缩水甘油酯产品并不存在不可克服的障碍，但不知是时间、成本还是其他方面的因素，鉴定人并未这么做，导致验证实验在投料量上“捉襟见肘”。

这份验证报告最大的玄机在反应物的取样和检测上。迈图公司在一审中鉴定意见的实验10.2中记载，“IPGE仅在加热回流初期（10.25min）的回流液中可以检测到，随后该物质会减少至检测不出”。因此，为验证IPGE是否生成，应当对回流液进行检测。但是，该验证报告中记载的取样方式为“反应液于80℃下回流2h，蒸除剩余溶剂，取残留物取样，进行气相色谱—质谱检测”。反应的时间过长，并且是在残留物中取样，必然会导致检测得到的IPGE的含量大幅度减少。

此外，取样前先蒸干溶剂也会导致IPGE含量进一步减少。该反应体系中存在的溶剂为IPA（沸点82.45℃），需要检测的IPGE的沸点为131~132℃，比IPA要高近50℃。当然，如果提高蒸发溶剂时的温度，将大部分的IPGE蒸除也并不困难。

除取样方法外，该验证报告在检测方法上也另有“乾坤”。残留物通过气相色谱—质谱进行检测时，需要先进行稀释，否则会污染检测器。该验证报告中并未提及稀释的比例，而鉴定专家曾教授在庭审时承认，产物的稀释比例为1：100万。IPGE在残留物中的含量本来就很低，采用如此大的稀释比例完全不符合常理。与之相对，河北鉴定是用反应液来检测的，稀释比例仅为1：4。

检测物进行稀释后，进入气相色谱前往往还需要进行分流。分流比越大，进入色谱柱的检测物浓度就越低。该验证报告中，检测采用的是电子电离法，分流比为100：1；而河北鉴定中，采用化学电离法时，进样时不分流，采用电子电离法时，进样分流比为6：1。迈图公司的验证实验大幅提高分离比，进一步降低了IPGE的含量。

IPGE的含量通过前述各个步骤被层层削弱，最终浓度被削弱到原来的亿分之一以下，无法被检测出也很正常。陆地上最大的哺乳动物是非洲象（见图13.10），体重可达7t，其重量的亿分之

图 13.10 非洲象
（图片来源：健忘的行摄世界 / 图虫创意）

一为70mg，相当于一只蚂蚁的重量。对于体型庞大的非洲象，人站在数公里外可以轻易看见，而要求我们用肉眼发现数公里外的一只蚂蚁，则显然是不可能完成的任务。

万慧达律师比较困惑的是，正癸酸—内嵌醇的浓度也同样被层层削弱，检测不出应该是大概率事件，但该验证报告却显示产品中含有该物质。这可能是因为正癸酸—内嵌醇的沸点比较高，在前面的回流和溶剂蒸干步骤中没有损失，故最后的残留物中尚能检测出来。当然，还有一种可能，那就是该物质其实并不是所谓的“正癸酸—内嵌醇”。

在该验证报告中，确定未知物的方式是气相色谱的保留时间。但是，作为参照物的正癸酸—内嵌醇的保留时间为24.498min，而反应物中检测出的所谓“正癸酸—内嵌醇”的保留时间分别为21.781min和21.789min，两者相差约2.7min，也就是整整162s。该验证报告中认为两者为同一种物质，显然缺乏依据。要知道，在一审程序中，迈图公司曾主张峰值为7.366min和7.33min的物质并不是同一种物质，而它们的峰值仅差0.036min，也就是2.16s。

在迈图公司前面的鉴定意见中，都是通过气相色谱—质谱的方式来分离和鉴定未知物的。但因为BIA不存在标准品，故鉴定人无法与标准品的图谱进行比对，而只能通过分析质谱碎片的方式来推测未知物的结构。当然，在前面的鉴定意见中，鉴定人也没有进行解析，只是提供了数张谱图，就宣称其为“BIA”。现在既然鉴定人声称已经合成了“正癸酸—内嵌醇”，那对两者的质谱图进行比对，所获得的结果虽然不能说百分百确定，但明显比通过色谱的保留时间来判定要靠谱很多。

另外，鉴定人声称已经合成了正癸酸—内嵌醇的参照物，也做了核磁共振氢谱，如果再将两者的氢谱进行比较，那还可以进一步提高结果的准确性。但是，核磁共振氢谱需要纯度高的样品，该验证实验中生成的微量正癸酸—内嵌醇混杂在产品中，不能直接注入核磁共振仪。事实上，核磁共振氢谱需要的样品量至多几十毫克，一名化学领域的资深教授，完全有能力将验证实验的投料量合理放大，然后通过色谱分离提纯出足够的样品来进行核磁共振检测。

退一步说，如果要求迈图公司做核磁共振氢谱，属于要求过高；那要求迈图公司提供未知物和标准品的质谱比对，则完全属于合理要求。迈图公司有意不进行质谱比对，很可能是因为比对的结果对他们不利。

万慧达律师对上海30-1号鉴定意见进行充分的分析后，认为该报告的内容被法院采纳的概率并不大，案件的走向已经趋于明朗。

法律茶座：诉讼策略

知识产权诉讼是一项高度复杂的专业活动，在提起诉讼之前需要制订周密的诉讼计划，包括明确诉讼目的、确定诉讼策略、选定诉讼请求、针对性地收集相关证据等。如在案件的开始阶段，原告代理律师需要考虑的主要问题包括：（1）权利基础；（2）被告；（3）案件管辖法院；（4）诉讼请求。当然，这几个问题存在相关性，例如被告确定后，可供选择的权利基础和具有管辖权的法院的范围也会随之确定。

针对某项特定的侵权行为，如果权利人存在多个可供选择的知识产权时，选择哪个或哪些作为权利基础就值得斟酌。一般来说，如果侵权行为同时侵犯了数项权利，将这些权利一并列上“群殴”比较合适。如在“道达尔公司诉济南久座公司侵犯商标权及不正当竞争案”中，侵权人在润滑油上使用“道杰尔”“Taojer及图”等标志，而道达尔公司在润滑油上注册有“道达尔”“TOTAL”“TOTAL及图”等多件商标。在提起诉讼时，道达尔公司在这系列商标中共选择了7件商标作为权利基础。[3] 这些商标中，有的商标有被认定为驰名商标的记录；有的商标注册时间最早；图形商标有的指定了颜色，有的则没有指定，共同构成了一个比较严密的权利基础体系。

更为复杂的情形是针对同一保护对象，如动漫形象，权利人可能同时拥有商标权、著作权以及外观设计专利权。如果权利人发现侵权人在某种产品上使用了该动漫形象，则需要考虑选择哪种类型的权利作为基础。此时，权利人需要同时考虑动漫形象的相似性和产品的类似性两个因素。商标和外观设计都与具体的产品相关，如果权利人的商标/外观设计所指定/涉及的产品为水杯，而侵权人的商品是服装，则此时无法主张侵犯商标权或外观设计专利权，除非该商标构成驰名商标。

著作权则不受产品类型的限制，可以构成全品类保护。假定权利人对图13.11所示的“鳄鱼”图形享有著作权，则侵权人将该图形使用在服装、球鞋、图书、饼干、葡萄酒等产品上，都构成侵犯著作权。不过，由于该图形独创性相对较低，故此时该图形在“形象的相似性”这一维度上的保护力度比较弱，如果侵权人对图形进行适当修改，双方就不会构成“实质性相似”，从而避免侵犯著作权。如图13.12所示的“鳗鱼”图形显然不侵犯图13.11所示的“鳄鱼”图形的著作权。如果在商标领域，情况则截然不同。如在“拉科斯特公司诉克劳克达案”中，侵权人在服装产品上使用鳗鱼图形商标，法院认定侵犯了权利人的鳄鱼图形商标。[4]

图 13.11 鳄鱼图形

图 13.12 鳗鱼图形

当然，不管使用哪种知识产权提起诉讼，前提都是该权利不能是原告通过不正当手段所获得的。如果当事人通过不正当手段获得知识产权，然后恶意提起诉讼，将面临不利的法律后果。最高人民法院在“歌力思案”中指出，“当事人违反诚实信用原则，损害他人合法权益，扰乱市场正当竞争秩序，恶意取得、行使商标权并主张他人侵权的，人民法院应当以构成权利滥用为由，判决对其诉讼请求不予支持”。[5] 类似的案子还有“UL案”。[6]

知识产权侵权案件的被告，可以分为“舢板”和“巨舰”两个极端。舢板型侵权人比较灵活，往往是“打一枪换一个地方”，找到他们比较困难。不过在法庭上，舢板型侵权人一般请不起知识产权专业律师，在法庭上的对抗能力比较弱。巨舰型侵权人则刚好相反，诉讼的关键是在法庭上击败对方高价聘请的律师。

当然，巨人也有“阿喀琉斯之踵”。如果目标企业处于以下几种情况，那往往是权利人提起诉讼的好时机：（1）处于危难之机，如正卷入其他重大诉讼之中。此时提起诉讼，可以让目标企业腹背受敌，无力应对两线作战。（2）财务状况不佳之时，此时目标企业无足够的财力来应对诉讼。当然，如果权利人的诉讼目的是获取赔偿，则可能即使胜诉也无法获得足够的赔偿金。（3）正在进行重大活动之时，如准备股票上市，正在实施高风险、高投入的项目，或者正在进行收购、并购或者融资等事务。此时，目标企业没有精力投入到诉讼中，也不愿意因为诉讼而影响企业在股民、投资者或者合作者心中的形象，诉讼攻击更容易奏效。（4）已经为侵权付出了相当成本之后，即实行“放水养鱼”的计策。[7]

当然，“乘人之危”提起诉讼也需要悠着点，以免越过法律红线。如在“专利敲诈勒索第一案”中，李氏兄弟通过其控制的数家公司，对数家处于上市、融资等关键时期的公司进行“精准打击”，以侵犯专利权为由多次向证监会举报和向法院提起诉讼，迫使目标公司与其签订专利实施许可合同、和解协议等，共获利人民币116.3万元。2018年8月，李氏兄弟二人因涉嫌敲诈勒索罪被提起公诉。在该案中，检察院认为李氏兄弟二人共有5起诉讼和举报行为构成犯罪，而一审法院认为其中仅有1起构成犯罪。法院认为专利权人手持合法有效的专利，在对方处于上市、融资等敏感时间点上提起专利“狙击”并不属于犯罪；但是，李氏兄弟通过虚构倒签独家许可合同的方式索要许可费人民币80万元，并最终得手人民币10万元的行为构成敲诈勒索罪。据此，一审法院于2019年国庆节前作出判决，分别判处李氏兄弟有期徒刑4年半和2年，罚金则分别为人民币5万元和2万元。此外，李氏兄弟二人的违法所得被追缴，作案工具也被没收。[8] 据悉，李氏兄弟已经提起上诉。另外，检察院也已提起抗诉，认为另外4起行为也构成敲诈勒索罪。[9]

如果侵权人既包括舢板型的又包括巨舰型的，那权利人是先啃硬骨头，然后挟胜利之威震慑其他侵权人，还是柿子捡软的捏，逐步扩大战果，需要根据实际情况确定。如果权利人提起诉讼的主要目的不是清理市场或者获得赔偿，而是商业宣传，那向大公司发起挑战显然更具有宣传价值。

在知识产权案件的管辖法院上，权利人也具有一定的选择余地。

侵权案件的管辖法院包括被告住所地法院和侵权行为地法院，侵权行为地包括侵权行为实施地和侵权结果发生地。权利人如果在被告住所地进行诉讼，属于“客场作战”，有时会处于不利地位。为避免这种不利情形，代理律师的常规操作就是寻找一个合适的共同被告，制造管辖连接点，实现异地诉讼。

知识产权案件中，一般都存在一个制造商和众多销售商两种类型的侵权人。制造商需要对所有的侵权产品承担赔偿责任，而销售商则只对其销售范围内的侵权产品承担责任。权利人在起诉时，通常会在起诉制造商的同时，将销售商列为共同被告，从而实现在销售商所在地或其销售地的法院进行诉讼的目的。如果销售商遍及全国各地，权利人在选择法院时就有很大的余地。

针对相同的案件，各地法院的判赔标准并不一致，经济发达地区法院的判赔标准相对较高，成为很多权利人的首选。如在2018年，北京、上海、江苏、浙江、广东五省市法院新收知识产权民事一审案件185337件，占全国法院新收知识产权民事一审案件的65.39%。[10]

知识产权侵权案件中，如果涉及网络，则在法院选择上会产生新的问题。原告如果网购侵权产品，网购收货地是否属于“侵权结果发生地”，不同的法院在认识上存在差异。在江、浙、沪“包邮区”，法院认为收货地法院有管辖权；北京和广州知识产权法院则观点刚好相反。在这个问题上，最高人民法院的观点一直都很明确，在2016~2019年四次表明态度[11]，认为网络购买方可以随意选择的网络购物收货地“通常不宜”“不应”“不能”作为网络销售行为地，否则管辖地会缺乏明确性和稳定性，导致管辖制度被架空。

在知识产权侵权诉讼中，权利人最主要的诉讼请求就是停止侵权和赔偿损失。值得关注的是，2019年《商标法》第四次修正后，侵权责任中增加了销毁假冒商品，以及主要用于制造假冒注册商标商品的材料和工具。目前，《专利法》和《著作权法》也正在修订过程中，也可能会引入类似的条款。

在赔偿数额方面，权利人要想争取到较高的赔偿数额，那就需要在证据收集方面多下功夫。被告的侵权持续时间、侵权的地域范围、门店数量、平均销售数量、侵权产品价格、主观恶意等情况，都是法院确定赔偿数额的重要依据。在商品销售数量方面，被告的广告宣传、公司年报、阿里巴巴/淘宝网调取的销售记录、海关调取的商品进出口记录等都是重要的索赔证据。此外，权利人在诉讼中还可以请求法院责令被告提供财务方面的账簿、资料，如果被告拒不提供或者提供虚假的资料，将会承担不利后果。《商标法》中对此已经有明确规定。

专利权和商标权作为“工业产权”，其权利为财产权；而著作权还包括了人身权。因此，在著作权侵权案件中，民事责任还包括消除影响和赔礼道歉。不同的侵权人对赔礼道歉的态度不同，有的侵权人注重“里子”，愿意赔礼道歉，但不愿意赔偿损失；而有的侵权人则刚好相反。对于那些“好面子”的侵权人，权利人以赔礼道歉为筹码与其进行谈判，有时可以获得超过平均水平数倍的赔偿。

注释

1.笔者共在中国国家图书馆做了10份检索报告，除表格中列出的8个分子量为288的物质外，还包括迈图公司在后续证据中提到的分子式分别为$C_{13}H_{24}O_2$和$C_{13}H_{24}O_3$的两种物质。

2.《最高人民法院关于民事诉讼证据的若干规定》（2008年版）第28条：一方当事人自行委托有关部门作出的鉴定结论，另一方当事人有证据足以反驳并申请重新鉴定的，人民法院应予准许。

3.参见北京知识产权法院（2016）京73民初287号民事判决书。

4.参见浙江省高级人民法院（2012）浙知终字第200号民事判决书。

5.参见最高人民法院（2014）民提字第24号民事判决书。

6.参见最高人民法院（2018）最高法民再396号民事判决书。

7.朱雪忠：《企业知识产权管理》，知识产权出版社2008年版，第185～186页。

8.参见上海市浦东新区人民法院（2018）沪0115刑初3339号刑事判决书。

9.参见上海市浦东新区人民检察院沪浦检金融诉刑抗（2019）3号刑事抗诉书。

10.最高人民法院知识产权审判庭：《中国法院知识产权司法保护状况（2018年）》，人民法院出版社2019年版，第6页。

11.参见最高人民法院（2016）最高法民申731号民事裁定书；最高人民法院（2016）最高法民辖终107号民事裁定书；最高人民法院（2018）最高法民辖终93号民事裁定书；最高人民法院（2019）最高法知民辖终66号民事裁定书。

14

最终之战，乘胜追击扩优势

【提要】

2015年3月底，本案正式开庭审理。迈图公司和四友公司围绕着各自提交的鉴定意见，展开激烈的辩论。针对四友公司的鉴定，迈图公司在鉴定报告的合法性和表述的准确性上大做文章。并且，迈图公司在自己的鉴定报告中试图证明，利用四友公司所述的第二条路径仅能生成BIA，不能同时生成IPGE，从而推翻四友公司的鉴定。四友公司对迈图公司鉴定人曾教授进行了细致的询问，对该鉴定报告的真实性和关联性进行了强烈的质疑。

法 庭 回 放

2015年3月31日，本案正式开庭审理。本次庭审由主审法官李法官主持，合议庭成员还包括施法官和张法官，王书记员负责记录。根据《民事诉讼法》，一审合议庭可以由法官和人民陪审员组成，二审合议庭则必须全部由法官组成。这是因为二审主要是法律审，事实不清可以发回重审，合议庭由精通法律的法官组成最为合理。

迈图公司一方依然是华诚律所的黄律师、张律师和顾律师，鉴定人曾教授也参加了庭审。四友公司一方，五人组变为李春晅、杨敏锋、廖晓荣、孙兰波和王永军（杨颖因个人原因从万慧达律所离职，代理人更换为李春晅律师）。另外，河北鉴定的鉴定人张教授和耿工程师也出席了本次庭审。

本次庭审依然围绕着新产品和特征性杂质这两个焦点问题展开，双方的主要观点也和之前一致。由于迈图公司和四友公司在庭审前都提交了鉴定意见，迈图公司在庭审中又当庭提交了一份新的鉴定意见，故本次庭审重点围绕着双方提交的鉴定意见进行。

法官：二审中，双方分别提供了鉴定意见，先由上诉人陈述你方委托鉴定的意见。

上诉人律师：上海30-1号鉴定意见证明在碱性条件下，正癸酸缩水甘油脂与IPA溶液中分别加入1%、1.5%的ECH反应，反应结束后在最终产物中仅检测到有BIA的生成，没有检测到IPGE。今天再补充提交第30-2号鉴定意见，鉴定结论是在同样的反应条件下，分别加入2%、4%、6%和8%的ECH反应，最终产物中同样仅检测到BIA，没有检测到IPGE。两次鉴定中，ECH的量不同，证明根据被上诉人的主张在步骤D中加入IPA去除水解氯，不会导致产物中同时出现IPGE和BIA。

法官：上诉人提交原件。被上诉人发表质证意见。

被上诉人律师：对形式真实性认可，对实质真实性不认可，得不出相关的结论，对关联性不认可。

四友公司对迈图公司的两份鉴定意见并不认可，对这两份鉴定意见的质疑在后面将逐步展开。

敲黑板

值得一提的是，上海30-1号鉴定意见和第30-2号鉴定意见内容基本相同，仅仅是ECH的含量不同，鉴定机构的受理日期都是2014年6月19日，验证实验的完成时间都是2014年9月7日，鉴定意见的作出日期都是2014年9月17日。

迈图公司将内容基本相同的实验拆分为两份，个中原因耐人寻味。也许是迈图公司意识到ECH浓度较低时，最后的产物中可能检测不出IPGE，而ECH浓度高时则很有可能会检出IPGE。为避免风险，迈图公司对鉴定内容进行了拆分。也许正是因为担心四友公司看出破绽，迈图公司在庭审前只向法庭提交了一份鉴定意见，而在庭审时才提交另一份，这样四友公司就没有充分的时间进行仔细研究。

法庭回放

法官：被上诉人陈述你方的鉴定意见。

孙兰波：我们委托河北省科技咨询服务中心对在步骤D中加入ECH进行鉴定。在反应物的本底检测中，证明四友公司生产的新癸酸缩水甘油酯中不含有IPGE和分子量为288的物质。IPA、氢氧化钠和新癸酸缩水甘油酯加入反应后，产物中出现疑似BIA和微量IPGE，原因是缩水甘油酯中含有少量ECH。这不仅证明IPA可以和甘油酯反应生成IPGE，而且也证明极微量的ECH会与IPA反应生成IPGE。前述反应体系中额外添加ECH，同样会产生IPGE和疑似BIA。本鉴定证明除上诉人所主张的路径之外，还存在生成这两种物质的其他路径。

四友公司对河北鉴定进行阐述后，迈图公司对其进行质证。由于河北鉴定的各项步骤都记录得翔实准确，迈图公司难以提出实质性的反对意见。因此，迈图公司试图从质疑鉴定人资格的角度，否定河北鉴定的效力。事实上，迈图公司并没有举出任何有力的证据或理由，其主张自然也没有获得合议庭的支持。

迈图公司要求对河北鉴定的鉴定人进行询问，故合议庭将鉴定人张教授请入法庭。

敲黑板

在民事诉讼中，为避免鉴定人的观点受到庭审过程的影响，鉴定人在庭审时不得旁听，只能在法庭门外找个地方坐着等候。需要鉴定人发表意见时，才会请他进入法庭，意见发表完毕鉴定人需要再次离开。

法庭回放

法官：张教授，你应当如实回答。

张教授：好的。

上诉人律师：鉴定意见中，有的检测结论是“有”，有的却是“微量”，如何解释（微量取样大致如图14.1所示）？

图 14.1 微量取样（图片来源：Sciencephotolibrary / 图虫创意）

张教授：“有”和“微量”都是有的意思。

上诉人律师：微量是如何界定的？

张教授：只是定性，没有具体的量，委托鉴定时没有要求鉴定具体的量。“极微量”也是微量的意思，是少的意思。

上诉人律师：但报告中是用的“有”“微量”“极微量”三种表达方式。为何要做这样的区分？

张教授：就是定性为微量。

上诉人律师：鉴定意见中的288分子量的生成路径？

张教授：新癸酸缩水甘油酯在氢氧化钠的催化下与IPA反应。

上诉人律师：加入IPA的目的是什么？

张教授：给我的委托书上有这个步骤。

上诉人律师：碱的强度对结果有何影响？

张教授：我们的条件是按照委托方的条件做的，其他的我们没有做。

上诉人律师：我们没有需要问的问题了。

敲黑板

迈图公司对鉴定人张教授的盘问，主要是针对河北鉴定中表述上的细节提出质疑。因为河北鉴定属于定性实验而不是定量分析，用“微量”“极微量”这样的表述来大致描述相关物质的浓度并不算什么问题。

法庭回放

迈图公司的询问结束后，由四友公司对鉴定人张教授进行询问。

法官：四友公司进行发问。

被上诉人律师：实验结论为四友公司生产的新癸酸缩水甘油酯中不含有IPA、IPGE和疑似BIA?

张教授：是的。

被上诉人律师：新癸酸缩水甘油酯在氢氧化钠的存在下，与IPA反应生成疑似BIA?

张教授：是的。

四友公司对张教授的询问非常明确，就是确认河北鉴定所证明的内容。

张教授接受双方询问后退庭，迈图公司鉴定意见的鉴定人曾教授接受双方的询问。为了向合议庭证明自己在技术方面的发言并非信口开河，笔者特意将自己的本科毕业证、学士学位证和首次就业的劳动合同提交给法院供其参考。这些资料证明笔者在南京大学化学化工学院学了4年化学，毕业后又在一家制药公司做了3年的医药研发。虽然笔者在化学领域只获得了学士学位，造诣明显不如曾教授，但也应当算是业内人士。

法官：曾教授，你作为鉴定人之一，对方当事人有问题询问，请你如实回答。

曾教授：好的。

被上诉人律师：上诉人给你的是一个委托还是两个委托?

曾教授：出了两份鉴定意见，就是两个鉴定。

被上诉人律师：实验方案是谁设计的?

曾教授：这两份鉴定都是我设计的。

万慧达律师询问曾教授实验设计的来源，本意是想知道这个设计中存在的众多“坑”究竟是谁挖的。出乎意料的是，虽然实验报告中写着该实验是严格按照委托方的要求进行的，但曾教授毫不犹豫站出来，声称该实验设计源于自己。也许确实是委托方给出了一个实验目标，曾教授围绕该目标精心设计了实验的各项细节。但是不管该实验设计出自何人，笔者必须承认，该实验设计在控制检测结果方面体现了极高的专业水准。

被上诉人律师：实验是你做的还是学生做的？

曾教授：我和学生做的，报告是我审核的。

被上诉人律师：全部实验过程和检测结果都很清楚？

曾教授：是的。

被上诉人律师：全部实验过程和检测结果都在报告中？

曾教授：实验过程有实验记录。报告有具体的结论，鉴定书只是意见书，记录了重要的数据，关键的都在报告中。

万慧达律师询问实验是谁做的，是想确认该鉴定报告具体由谁作出。曾教授是持证上岗的知识产权司法鉴定人员，但他的学生不是。如果能够证明该鉴定报告出自曾教授的学生之手，则该鉴定意见的效力将有可能被推翻。

被上诉人律师：样品的稀释比是多少？

曾教授：对反应出的产物稀释100万倍，再进入色谱检测。仪器的灵敏度很高，超过5~10ppm的反应产物就会污染仪器的检测器，所以对样品基本上都要稀释100万倍才能进行检测。

当曾教授明确承认样品的稀释比例为100万倍的时候，孙兰波事后告诉笔者，自己当时感到极度震惊，只觉得热血往头上涌，视力都有点模糊，耳中更是一阵轰鸣，原先的不解之处似乎一下子就找到了答案。

孙兰波忍不住询问曾教授，是否知道GC-MS的最低检出质量？曾教授回答不出。孙兰波又询问曾教授是否知道GC-MS的最低检出浓度？曾教授还是无法回答。此时合议庭打断了孙兰波的询问，说法庭对数字不感兴趣，不需要再询问。孙兰波只得停止了询问。

到这个时候，我们其实已经非常清楚，100万倍的稀释比例正是确保IPGE无法被检测出的“终极兵器”。反应体系中生成的IPGE含量本来就比较低，在经历了100万倍的稀释之后，其浓度远远低于GC-MS的检测下限，根本就不可能被检测出来。

被上诉人律师：报告中仅对蒸除溶剂后的残余物是否含有IPGE进行检测，没有在反应结束后蒸除溶剂前对上述物质进行检测，不能排除IPGE生成的可能性，是不是？

曾教授：取决于ECH的量。如果量非常多，无论在蒸除前后都会有IPGE；如果量低，蒸除后可能就测不出来。我们合成的路线中新癸酸缩水甘油酯就不是从ECH来的，是不可能含有ECH的成分的。

万慧达律师的这个问题，针对的是实验设计中的另外一个疏漏。毕竟IPGE的沸点也就131~132℃，只要蒸馏的温度高一些，将绝大部分的IPGE蒸除也并非难事。曾教授的回答也体现了理工男的耿直，明确承认IPGE的含量如果比较低，那在蒸馏后就可能检测不出。

在万慧达律师对曾教授进行询问的过程中，主审法官也对曾教授进行了询问。

法官：如果没有ECH的话，那么与专利方法就不同。

曾教授：鉴定目的是加入多少量的ECH才能检测出IPGE。

法官：鉴定的方法应当是把IPA放在第一步或第四步，其余步骤应当都按照专利的方法进行，鉴定专家是不是按照这样的步骤进行的？

曾教授：是按照专利方法进行的，在第一步，把ECH排除掉，确定原料中没有IPGE。

法官：这样的话，这种步骤与专利步骤就不同。

曾教授：在D步骤前期如果没有ECH，是不可能产生IPGE的。

法官：ECH在A步骤有的话，即使不加入IPA，也可能产生IPGE？

曾教授：取决于ECH的量。如果在第一步加入IPA就不能排除是在哪个步骤中产生的IPGE，所以我在第四步加入IPA，看是否会产生IPGE。

法官：在其他条件相同的情况下，仅调整在第一步和第四步中加入IPA，这才是需要鉴定解决的问题。

曾教授：第一步如果没有IPA就不会有IPGE。

法官：为何你不加ECH？

曾教授：原料中就没有残留的ECH，看是否会产生IPGE。

法官：专利方法中第一步是有ECH的。

主审法官的提问，主要是询问验证实验和专利方法之间的差异。通过询问，主审法官确定，该鉴定报告与专利方法的A步骤并不相同。

主审法官询问完毕，四友公司继续对曾教授进行询问。

被上诉人律师：你做的这份鉴定，是为了推翻河北鉴定吗？

曾教授：河北鉴定是我后拿到的。

曾教授声称河北鉴定是后拿到的，那就意味着他在做鉴定实验的时候，对河北鉴定的内容并不知情。不过，这样就很难解释为何曾教授的这份鉴定意见的实验设计完全针对河北鉴定。迈图公司代理律师意识到笔者马上就要曾教授解释这个问题，连忙打断笔者的询问，声称该鉴定意见可以推翻河北鉴定。

被上诉人律师：鉴定的原料中有没有ECH？

曾教授：没有ECH，是为了排除原料中可能会含有ECH或IPGE。

被上诉人律师：在上海30−1号鉴定意见的实验3中，第4页最后1段，在进行反应结束后，蒸馏前（蒸馏设施大致如图14.2所示），是否对反应液有无IPGE和BIA进行检测？

曾教授：没有做。

图 14.2 蒸馏（图片来源：Dreamstime / 图虫创意）

被上诉人律师：报告中是如何排除ECH的？有无核磁、质谱图？

曾教授：第30−2号鉴定意见第2页，上海30−1号鉴定意见第2页，我们制得的是纯的正癸酸缩水甘油酯，这明确不会含有ECH。

孙兰波：在蒸干后，ECH在谱图中看不到，在蒸发过程中，是否对中间产物取样检测过有无IPGE和BIA？

曾教授：蒸馏前没有检测，蒸馏之后没有检测到ECH。

孙兰波：在蒸发过程中，是否对中间产物取样检测过有无IPGE和BIA？

曾教授：没做，也做不到。

四友公司的这轮询问，依然是针对鉴定意见中样品检测方面存在的问题。四友公司想要表达的重点是，即使该反应中生成了IPGE，也可能因为未在蒸馏前对产物进行检测而不能被发现。

孙兰波：有无做过低稀释比和低蒸馏比的检测？

曾教授：这样的稀释比超过了仪器的灵敏度，这不能做。

孙兰波：最低检测限是多少？

曾教授：1ppm。

孙兰波：正癸酸是不是α-支链的一元羧酸？

曾教授：是。

抽丝剥茧

在前面的庭审中，孙兰波听到曾教授关于样品稀释了100万倍的回答后，马上发挥了理工男的本能，开始在本子上埋头计算样品最终的浓度。计算结果和他想象的一样，IPGE在样品中的含量远低于GC-MS的检测下限，不可能在最终反应物中被检测出。孙兰波的计算是根据实验设计中各反应物的投料量进行的，比较复杂。为简便起见，这里仅进行简单的估算。就算待检测物是100%的纯IPGE，先稀释100万倍，再加上100∶1的分流比，其浓度也会降低到原来的亿分之一，也就是0.01ppm。考虑到该实验的投料量，即使IPGE的转化率为100%，其在反应体系中的浓度也并不高，在后续的蒸馏中又损失大半，最终的浓度还会大幅度下降。

法庭回放

孙兰波在计算出结果后，感觉到心惊肉跳，想再问曾教授几个问题，以期证明点什么。当他听到曾教授说检测器的最低检测限仅有1ppm时，一切都明白了。根据该实验设计，最终进入检测器的IPGE浓度远低于1ppm，能被检测出来才是不正常的。

孙兰波还是有些不死心，再问曾教授正癸酸是否属于α-支链的一元羧酸，而曾教授居然回答“是”。实际上，正癸酸不带任何支链，自然不属于α-支链的一元羧酸。孙兰波在听到曾教授的回答后，感觉自己没有什么问题需要再询问了。接下来，由笔者继续对曾教授进行询问。

被上诉人律师：上海30-1号鉴定意见第4页的实验底物用量的单位是什么？

曾教授：单位疏忽了，原始记录中是有的，现在不能确定，要看原始记录。

被上诉人律师：摩尔数IPA是23.5，这个单位是什么？

曾教授：要看原始记录。

被上诉人律师：ECH的1%摩尔数指的是什么？

曾教授：不是1%的摩尔数，具体的要看原始记录。

被上诉人律师：氢氧化钠的摩尔数是什么？

曾教授：要看原始记录。

被上诉人律师：氢氧化钠的溶液是如何配的？

曾教授：就是根据表格中的氢氧化钠0.0036g称量，加入水中溶解。

被上诉人律师：上海30-1号鉴定意见上的时间是什么时间？

曾教授：出具报告时间。

被上诉人律师：是不是盖章的日期？

曾教授：是。

法官：请曾教授退庭，闭庭后阅笔录签字。

敲黑板

笔者的这部分询问，前面涉及的是鉴定意见所疏漏的一些细节问题，比如数据单位的遗漏和氢氧化钠的称量问题。0.0036g大致相当于1颗芝麻的重量，需要使用高精密分析实验室天平称量。另外，考虑到氢氧化钠固体具有吸水性，这样少量的氢氧化钠粉末在空气中也很容易潮解，导致称量不准。

不过，笔者的关键问题是最后鉴定报告的作出时间。笔者注意到，上海30-1号鉴定意见所附的实验报告上记载的报告作出时间为2014年9月7日，并加盖了鉴定人所在大学的公章，鉴定意见的作出日期则为2014年9月17日。事实上，2014年9月7日正处于中秋假期的第二天，学校工作人员都放假了，不太可能在实验报告上盖章。

笔者怀疑该鉴定意见上的日期有问题，其作出日期并非是2014年9月17日，而是在2014年9月23日合议庭召集双方谈话后。不过这样也有个问题很难解释，因为如果要推翻河北鉴定，最为简单直接的方式就是重复一遍河北鉴定中的反应和检测条件，如结果截然不同，则必然有一份鉴定不真实。但这份实验报告的实验条件和河北鉴定并不一致。

笔者猜测，对方可能是为了避免难以自圆其说，故意将该鉴定意见的作出时间提前，写成2014年9月17日。但是改写时间也带来了新的问题，即既然该鉴定意见在2014年9月23日合议庭召集双方谈话前就已经完成，为何迈图公司在谈话时没有提交。另外，迈图公司在一审中提供的证据15，即上海第41号鉴定意见中，附有购买样品的订货单、发票记录等证据，而该鉴定意见中却没有，可能是为了防止订货单和发票上记载的时间泄露真相。

当然，笔者的怀疑并没有任何直接证据证明，因此希望通过质证的方式来揭开谜底。

庭审回放

双方对鉴定人的询问结束后，庭审进入对专家意见发表质证意见的环节。

法官：双方对鉴定专家的意见发表质证意见。

上诉人律师：被上诉人的鉴定意见中，检测结果出现了四个词，“有”“无”“微量”“极微量”，同一份报告中出现四个表示不同检测结果的术语，异于常理。鉴定人出庭没有给出合理解释，只是认为“微量”“极微量”是其习惯写法，但事实上“微量”与“极微量”最初出现于鉴定意见的测试报告，是北京微量化学研究所做的，并不是鉴定人做的。测试报告中，用了“有”“无”“微量”的写法，说明“微量”既不同于“有”也不同于“无”。“微量”与“极微量”在化学领域可以理解为没有，所以该测试报告中给出的不是确定的结论，对IPGE的检测写的是“极微量”，后又写成“微量”，对关键检测物的结果出现矛盾，我们认为该鉴定意见不可信。鉴定人陈述IPA加入生成了BIA，之前被上诉人陈述加入IPA是为了去除水解氯，故IPA是作为共溶剂使用的。作为共溶剂，应当是大于溶质的量，步骤D中加入的IPA一定是大量的。由于步骤D中的缩水甘油酯的量本身就比较大，加入大量的IPA，反应生产的BIA并不是一点点，会降低产物的纯度。步骤D中加入IPA去除水解氯在工业上并不可行。

孙兰波：“微量”“极微量”并不等于“无”的概念。无论微量还是极微量，图谱证明了IPGE和BIA的存在。美国专利建议用的IPA的量与缩水甘油酯的量为3%~25%，另外，上诉人认为我们是当共溶剂使用，证据何在？上诉人认为有大量的BIA存在，证据何在？曾教授作出的鉴定结论不可信，他用的是百万分之一的稀释，理论含量只有1725ppm，以这种稀释方法算，绝对量是3.4pg，远低于质谱的检测下限。IPGE从浓度上讲是3.4×10^{-3}ppm，远低于1ppm。即使该反应中的全部碱转化为IPGE也将因过度分流稀释不能被检出。该实验本身就是使IPGE不被检出。上诉人并不能排除IPGE在合成后产生，但在后期被蒸馏和稀释脱除因而不能被检出。

被上诉人律师：曾教授强调2014年9月7日是盖章时间，当时是中秋节，不可能由行政部门盖章。迈图公司于2015年1月8日提交上海30-1号鉴定意见，今天提交第30-2号鉴定意见。如果是早就完成的鉴定意见，为何到现在才提交？如果该鉴定意见是在河北鉴定之后作的，为何不针对河北鉴定所确定的各项实验条件重新做鉴定？所以这份报告需要修改时间，并不真实。鉴定所用的原料都没有购买发票，因为上面会记载时间。该鉴定意见不具备真实性和关联性。

孙兰波：正癸酸缩水甘油酯不是本案系争物质，不是α-支链一元羧酸的缩水甘油酯，所以用此物质做的任何实验都与本案无关。

在本次庭审中，四友公司提交了关于“$C_{13}H_{24}O_2$”和“$C_{13}H_{24}O_3$”的同分异构体资料作为补充证据，用以证明由于存在大量的同分异构体，上海30-1号鉴定意见和第30-2号鉴定意见中仅通过核磁共振氢谱确定物质的方式并不符合要求。迈图公司则表示对该证据的真实性和关联性不予认可。

法庭回放

至此，法庭调查结束，进入法庭辩论环节，先由上诉人发表辩论意见。

上诉人律师：具体内容详见上诉状。另外补充几点：（1）两种特征性杂质在一审中提交了专利产品的成分检测报告。（2）我们委托了上海市科技咨询服务中心对两种特征性杂质的形成原理进行了验证，二审中申请法院对此进行司法鉴定。（3）我们通过公证程序，确认了被控侵权产品含有IPGE和BIA。（4）被上诉人提出的在步骤D加入IPA，被上诉人提供的河北鉴定缺乏客观性，不能予以采信。上诉人对此也进行补充鉴定，证明在步骤D加入IPA不能同时产生两种杂质。上诉人请求法院同意对本案进行鉴定，以查明侵权事实。鉴定和实验不能脱离生产实际，应当基于事实，而不仅仅是理论的推导。综上，请求支持上诉请求。

法官：被上诉人发表辩论意见。

孙兰波：涉案产品不是新产品。步骤A加入IPA与产品中有IPGE和BIA不存在充分必要关系，因此该两种物质不是特征性杂质。证明IPGE不存在是消极的事实，唯一证明的方法就是把能够存在的积极事实的证据推翻。上诉人提供的鉴定意见与河北鉴定无可比性，不能推翻河北鉴定。如果不推翻河北鉴定，无论上诉人提交何种实验，都不能证明该事实。我们不同意进行司法鉴定。上诉人应当就其专利产品中含有IPGE和BIA提交证据证明。此外，正癸酸缩水甘油酯不是α－支链一元羧酸的缩水甘油酯。

被上诉人律师：一审判决中否认了专利产品中含有该特征性杂质的证据。

被上诉人律师：IPGE和BIA是否存在，无法反推出反应物的摩尔比例、催化剂、溶剂、反应时间等技术特征，该事实已被一审法院认定。

法官：上诉人是否有新的辩论意见？

上诉人律师：没有。

法官：法庭辩论终结，双方当事人陈述最后意见。

上诉人律师：请求支持上诉请求。

被上诉人律师：请求驳回上诉。

在法庭辩论环节，双方代理人最后一次对自己的观点进行了总结陈述。当事人意见陈述完毕，合议庭照例询问双方是否有调解意愿，迈图公司表示不愿意调解。事实上，即使迈图公司愿意调解，四友公司也不会同意。

自此，本案庭审全部结束。四友公司和迈图公司的代理律师都意识到这应该是本案最后一次开庭，庭审结束后双方一一握手道别。在过去的四年中，双方一直是对手，为各自的目标分别尽了最大努力。现在工作都已经进入尾声，双方反而有些惺惺相惜。孙兰波告诉他们，他觉得华诚律所律师的代理做得挺好；他们则回应孙兰波说，“您可以去做律师了。”

法律茶座：选择学习资料

律师是一个需要终身学习的职业，知识产权律师更是如此。图14.3所示就是笔者作为“夜猫子”的深夜学习写照。知识产权制度目前处于快速发展变化之中，立法活动频繁，《专利法》《商标法》和《著作权法》都已经历数次修改；有影响力的案例也层出不穷，每年“4·26世界知识产权日”前后，最高人民法院都会公布上一年度中国法院10大知识产权案件和50件典型知识产权案例，很多高级、中级甚至基层人民法院也会颁布该院的10大知识产权案例。不过随着专利

图 14.3 法律学习（邓哲绘）

（仅涉及发明和实用新型）民事案件的二审管辖权回归最高人民法院，从2020年开始，各地方高级人民法院的10大知识产权案例中专利案件的数量可能会大幅下降。毕竟有影响力的专利案件大部分都会经

历二审，而二审是在最高人民法院，就不太方便算进各地方的10大案例中了。

知识产权律师的法律学习，根据不同的侧重，大致可以用“全面”“深入”和“快速”三个主题词描述。“全面”指的是要对某个法律制度形成一个基本的知识框架；“深入”是指对某个特定的法律问题有较为深刻的了解；“快速”是指及时注意到立法、司法等方面的最新变化。这三个关键词的角度不同，所适用的学习资料也各不相同。

律师需要对专利、商标或者著作权制度有较为全面的了解，比较合适的学习资料就是学者编写的教材或者是全国人大法工委、国家知识产权局等“专业对口单位”编写的法律释义书籍。在书籍选择上，很多人习惯购买知名学者的著作，认为质量比较有保证。不过需要注意的是，书籍封面上作者名字后面的“著”或“编”代表的含义完全不同。“著”意味着是作者亲笔撰写；而“编”则意味着作者仅仅起了统筹作用，各章节的撰写者另有其人。

相对而言，通过书籍上的其他信息来评估书籍质量可能更具有参考价值。专业书籍的销量比较小，很难承受昂贵的广告宣传费用，故其销量很大程度上由书籍本身的质量推动。书籍的版权页上会标明该书的版次和印刷次数。一般来说，只有广受读者欢迎的优质教材，才有机会再版。如王迁老师的《知识产权法教程》，到2019年已更新到第6版。教科书外的专业书籍一般不会更新再版，故有价值的参考信息就是印刷次数。通常印刷次数越多，说明该书越受欢迎。

此外，知识都是在前人基础上一步步积累起来的。如果某本书参考了很多其他的书籍，那在很多情况下应该比一本基本没有参考文献的书籍更有分量。如果该书的引证非常规范，则说明作者治学严谨，质量也会有保证。知识产权制度属于舶来品，国外在很多领域的研究水平要高于国内，故如果书籍的外文文献比较丰富，也可以作为该书学术水平较高的一项参考依据。

律师如果需要对某个专业问题有较深的理解，最好的参考资料就是论文。期刊论文的质量判断标准包括：（1）期刊本身的学术性，发表在高质量学术期刊上的文章质量比较有保证；（2）作者本人的学术水平；（3）文章的下载量和被引量；（4）文章的参考文献。

需要提及的是，硕士学位论文是一个容易被忽略的资料来源。国内一些硕士学位论文的质量可能有点不尽如人意，但由于硕士学位论文的篇幅比较长，故涉及的内容一般比较全面，可以作为快速了解专业问题的初步参考。另外，硕士学位论文中的参考文献，也可成为进一步研究的指引。博士学位论文尤其是出版成书的论文，学术质量相对较高，可以作为研究的重要来源。

律师如果需要紧跟近期的法律热点问题，最好的参考来源可能就是自媒体，如微信公众号上的文章。因为书籍和论文的出版周期都比较长，有较多的滞后性，而自媒体的反应最为迅速。如2019年4月23日，《商标法》《反不正当竞争法》等法律的修订刚一公布，来自各路人马的解析文章在数天内就纷纷出现在各微信公众号上。当然，来自自媒体的文章质量难免有些良莠不齐，故律师需要仔细甄别。

15

尘埃落定，
姗姗来迟胜利日

【提要】

2017年4月，二审法院作出终审判决，再次证明复杂的专利诉讼需要耗费大量时间持久作战。与一审判决相比，二审法院根据四友公司提交的分子量为288的物质名单，认定迈图公司仅通过分子量来确定未知物质缺乏依据，对一审判决认定的事实进行了纠正。与一审判决相比，四友公司的主张向前推进了一大步，防线变得更加坚实。在另一战场上，针对迈图公司对天津四友公司专利提出的无效宣告请求，天津四友公司在无效程序和一审行政诉讼皆败诉的不利情况下，提起上诉，最终获得胜诉，涉案专利被维持有效。

事件回顾

本案二审开庭结束，双方代理律师根据庭审情况提交代理意见，剩下的就是等待判决作出。这一等就是两年时间，直到2017年4月11日，二审判决才最终作出。本案从2011年9月迈图公司起诉，到二审判决作出，共经历了5年多的时间，似乎严重超过了审限。但是，《民事诉讼法》仅规定了国内案件的审理期限，对涉外案件在审理期限上并无明确规定。本案第一原告解决方案公司为荷兰企业，故本案属于涉外案件，一、二审的审理期限超过5年并不违反《民事诉讼法》的规定。本案原告在诉讼中不断请求延长举证期限、申请鉴定等，也是导致诉讼久拖不决的重要因素。另外，根据《民事诉讼法》，鉴定期限等也不会计算入审理期限中。

此外，本案花费的时间漫长，也是诸多因素综合的结果。法官的名称带有“官”字，是一份神圣而庄严的职业，同时也是一份非常辛苦的职业。历年来，法院每年的收案数量都在增长，但法官的人数基本“原地踏步”，案多人少是我国法院的常态。基层人民法院的法官，一年需要结案的案件数量超过300件已是司空见惯。近年来，有法院因员额法官数量少、办案压力大，申请上级法院指定兄弟法院管辖[1]，引起业内热议。

高级人民法院的收案数量少于基层人民法院，但能够进入高级人民法院的往往都是复杂疑难案件。此外，高级人民法院除审判工作外，还需要监督下级人民法院的审判工作，组织、指导全省法院的调研工作，开展普法宣传等，工作繁忙。

专利案件涉及复杂的技术问题，审理期限耗费数年屡见不鲜。如在“偶氮染料及制备方法与用途”发明专利侵权案中，原告于2007年9月29日起诉，最高人民法院于2016年12月21日作出驳回再审申请的裁定，一审到再审共花费了9年。[2] 与之相比，本案审理花费5年多时间显得“平平无奇”。

另外，笔者还自带“拖延”属性，凡是笔者代理的案件，审理周期都相对较长。某电影公司曾以侵犯某部电影的著作权为由，在同一家人民法院分别起诉了三个视频网站，笔者代理其中一个网站。三个案件的事实基本相同，法院安排在同一天审理，但三份判决书分别在开庭后10日、1个月和8个月作出。当然，笔者代理的案件是最后作出判决的那个。还有一件涉及地理标志的涉外案件，一审也花了3年。另外，笔者作为原告起诉智慧芽公司侵犯笔者专利代理师资格考试真题解析著作权的案件，属于国内案件，2018年2月初提起诉讼，2019年7月底才作出判决。一审判决作出后，智慧芽公司提起上诉，案件结束再次变得遥遥无期。遇到那些判决迟迟不出的案件，代理律师除不时电话“骚扰”书记员或法官询问案件进展外，其实也并无太多办法。如果法官直接告诉律师，判决至少要到第二年下半年才能作出，虽然时间长，但律师至少还有个盼头。最不幸的就是，法官总是说“快了快了”，但判决书却迟迟不见踪影。当事人催律师，律师催法官，但作为法律共同体，法院案多人少的基本国情大家都知道，也只能彼此多多理解了。

判决内容

虽然二审判决书作出日期比较晚，但与一审判决书相比，二审判决书对四友公司更为有利。江苏省高级人民法院在判决书中认为，涉案专利产品不是“新产品”，解决方案公司、迈图公司提交的证据，不足以证明四友公司使用了涉案专利方法。

江苏省高级人民法院在认定新产品上的基本思路与苏州市中级人民法院一致，并着重指出如下内容。[3]

> 涉案专利具备创造性体现在对已知产品生产工艺条件的改进上，而方法具备创造性并不必然意味着该方法所得之产物具备新颖性、创造性。再次，不能由于涉案专利采用了新的工艺条件，给最终产品带来了一些变化即必然认定方法所得之产物为专利法意义上的新产品。一般而言，用不同的方法/工艺条件生产已知产品，会带来一些指标的变化。例如，由于采用了不同的工艺过程导致副反应不同可能会导致杂质的种类有所差异，但这些变化不意味着其获得的产物是不为公众所知的产品。尽管解决方案公司、迈图公司认为涉案专利产品在一些技术参数上与已知产品不同，但是如现有技术文献所载明，高纯度及相应性能的该类产品及相关技术方案已经被披露，故涉案产品不能被认定为新产品。

在解决方案公司和迈图公司所主张的“特征性杂质”方面，江苏省高级人民法院认为两公司在一审中所提交的41号鉴定报告，仅证明了BIA和IPGE的一种生成路径，而不能证明其是这两种物质生成的唯一路径，并不能推出在生产该产品的工艺方法中必然系在A步骤使用了IPA。此外，江苏省高级人民法院在判决中指出，“41号鉴定报告所做的实验并非严格按照专利方法进行的，该鉴定报告所使用的反应物并非专利方法所要求的α-支链一元羧酸。”

关于四友公司产品中是否含有BIA，由于万慧达律师在二审中提交了众多分子量为288的物质，故二审法院根据新的证据，对一审判决中所认定的事实进行纠正。

关于四友公司的产品中是否含有BIA，本案一审审理过程中，解决方案公司、迈图公司从必博公司购买的货桶内提取液体送交北京微量化学研究所分析测试中心检测，检测报告显示：四友公司的产品Shigena-10P中含有IPA、IPGE及分子量为288的物质。解决方案公司、迈图公司主张分子量为288的物质即为BIA，故四友公司的产品中含有涉案专利的特征性杂质IPGE及BIA。对此，本院认为，北京微量化学研究所分析测试中心的检测报告，仅表明检测物Shigena-10P中含有分子量为288的物质，但根据四友公司二审提交的证据，分子量为288的物质达一千余种，而并非唯一指向BIA，故解决方案公司、迈图公司关于四友公司的产品中含有BIA的主张不能成立。由于一审中四友公司并未提交反证，一审法院认定Shigena-10P中存在IPA、IPGE和BIA，本院对此予以纠正。

敲黑板

二审法院考虑到分子量为288的物质数量众多，故认定四友公司的产品Shigena-10P中分子量为288的物质，并非唯一指向BIA。与一审法院相比，四友公司的主张向前推进了一大步，防线变得更加坚实。

需要指出的是，四友公司提交的河北鉴定也是通过质谱测定的分子量来检测未知物质，但四友公司的表述是“疑似内嵌醇BIA”，和四友公司所主张的不能仅凭分子量确定物质并不矛盾。

判决内容

在二审中，四友公司和迈图公司各自提交了鉴定意见，二审法院也对双方的鉴定意见进行了重点评述。

本案二审中，四友公司提交第20号鉴定报告，用以证明除解决方案公司、迈图公司说明的IPGE和BIA的生成路径外，还有另一路径也可生成这两种物质。根据第20号鉴定意见书记载，“在有少量ECH的存在下，新癸酸缩水甘油酯在氢氧化钠催化下可以与IPA反应生成m/z289的分子离子峰代表物质（疑似内嵌醇BIA），同时其中存在的IPA和ECH也可以在氢氧化钠催化下反应生成IPGE。”为否定四友公司提交的第20号鉴定报告，解决方案公司、迈图公司提交第30-1、30-2号鉴定报告，用以证明在步骤D中加入IPA则不能同时生成IPGE和BIA。对此，本院认为，首先，涉案专利权利要求书记载，“权利要求1~4中任一项的方法，其特征在于使用饱和的α-支链羧酸作为原料”，而第30-1、30-2号鉴定报告中实验所使用的反应物为正癸酸缩水甘油酯，该物质不属于α-支链一元羧酸，与涉案专利所要求的起始反应物不同。其次，第30-1、30-2号鉴定报告中的实验底物50%NaOH、ECH的用量远小于涉案专利方法要求的量。解决方案公司、迈图公司提交的鉴定报告并非严格按照涉案专利权利要求所进行的，故第30-1、30-2号鉴定并不是按照专利方法进行实验的，该鉴定结论本院不予采信。

敲黑板

二审法院在事实认定中，部分采纳了万慧达律师关于上海30-1号鉴定意见和第30-2号鉴定意见在实验设计方面不合理的意见，对该鉴定意见不予采信。但对万慧达律师关于样品检测设计方面不合理的意见，二审法院未进行评述。毕竟反应物的选择和配比是否符合涉案专利方法的要求比较容易判断，而反应样品的取样和具体参数的设置是否科学合理，判断起来比较复杂。法院在根据部分事实就可作出正确裁判的情况下，对专业性更为复杂的事实不予评述，也是一种稳妥的做法。

判决内容

解决方案公司、迈图公司还主张四友公司的鉴定报告缺乏客观性，仅有理论可能性而无实施可能性，但其并无充分证据支持该主张。相反地，四友公司提供美国专利

US4535150“低水解氯的环氧树脂的制备方法”，证明异丙醇可以作为溶剂去除环氧树脂产品中的水解氯。根据美国专利US4535150，将含有可水解氯的环氧树脂溶解于异丙醇溶剂中，再加入碱金属氢氧化物水溶液，升温加热反应。最后蒸除醇溶剂，加入酸中和未反应的碱金属氢氧化物，加入水除去形成的碱金属盐后，回收到含有低水解氯的环氧树脂。该专利实质是对树脂进行二次脱卤反应，具体是用碱金属氢氧化物水溶液作为脱卤剂，在异丙醇或二级丁醇溶剂中进行，该专利方法证明在现有技术中，在步骤D中加入IPA的工艺可行性。

因此，解决方案公司、迈图公司对四友公司提交的第20号鉴定报告，并无实质性反驳意见，第20号鉴定报告的关联性本院予以认可。第20号鉴定报告证明，在涉案专利的反应路径中，并非仅在步骤A中使用IPA才能导致最终产品中含有BIA和IPGE这两种物质。

针对迈图公司对四友公司提交的河北鉴定的质疑，二审法院认为迈图公司实际上并未提出实质性的反对意见，最终采纳了河北鉴定的观点，认为BIA和IPGE存在其他的生成路径。

此外，涉案专利的权利要求1还存在若干技术特征，如起始物料的比例、反应时间和温度、催化剂用量等等，解决方案公司、迈图公司并未举证证明四友公司产品的生产工艺具备上述技术特征，故其主张四友公司使用了涉案专利方法，证据不足，本院不予支持。

同样，二审法院也认为涉案专利的技术特征中还包括反应物比例、反应时间和温度等，迈图公司也并未对此进行举证。综上，二审法院驳回解决方案公司和迈图公司的上诉，维持原判。

四友公司历经多年抗争，终于获得全面胜诉。

事件回顾

在本案的诉讼过程中，万慧达律所的对手是华诚律所，而在二审判决书上，迈图公司和解决方案公司的代理人显示为金杜律所。根据二审判决书中的记载，更换代理人的时间是2017年1月12日，也就是在二审判决作出前3个月。

在本案中，迈图公司和解决方案公司更换代理机构，可能是专利业务整体更换代理机构背景下的“常规操作”，也可能是仅更换本案的代理律所试图力挽狂澜。不过，在诉讼过程中“临阵换将”，难免会带来负面影响。本案二审开庭早已结束，新接手的律所在二审中恐怕难有作为，在二审判决作出后想通过再审翻案也机会渺茫。

另外，二审判决显示，本案的原告之一迈图公司，于2015年3月5日变更名称为“瀚森化工企业管理（上海）有限公司”。这是因为2015年1月美国迈图特种化学品公司又重新恢复了瀚森公司的名称，故其中国的子公司也进行了更名。在2015年3月31日的庭审中，上诉人一方并未将企业名称变更的相关资料提交法院，可能是因为庭审前瀚森公司还来不及将相关资料转交代理律师。

事 件 回 顾

孙兰波董事长针对与迈图公司诉讼的全面胜利，又一次发表了公开信，内容大致如下：

2017年4月21日，我司收到了江苏省高级人民法院2017年4月11日签发的瀚森化工企业管理（上海）有限公司（曾用名迈图公司）诉四友公司产品叔碳酸缩水甘油酯（Shigena-10）专利侵权一案的终审判决书。这场长达五年多，极为复杂和曲折的知识产权诉讼案，以瀚森公司败诉而告终！

至此，瀚森公司针对天津四友公司的专利ZL2007100568289.3无效和针对四友公司对其专利ZL99811327.1侵权的两项指控均遭到败诉。

清者自清！四友公司在其二十多年的发展历程中，始终坚持创造和应用具有自主知识产权的科技成果，并在此基础上推进自身发展。赢得该诉讼是对四友公司此种自主科技创新努力的最好回报！

在过去的五年中，四友公司在蒙受“不白之冤”的巨大压力下生存和成长，不仅没有被压垮，反而得到了长足进步，产能增加了数倍，市场拓展到了全球各个角落，与竞争者具有了分庭抗礼的能力！可见，是金子总会发光，人为压抑是压抑不住的，反而使其更加闪耀。

在此，感谢北京万慧达律所、黄晖博士、杨敏锋和杨颖等律师，感谢你们凭借高超的专业水平，严谨的工作态度，长期的辛勤工作，赢得了所有诉讼的胜利！

在此，感谢廖晓荣律师，感谢您为我们的诉讼指明了方向，并每次开庭都陪伴在我们的身边，对关键问题作出指导！

在此，感谢五年多来一直相信我们和支持我们的全球用户和经销商，感谢你们帮助四友公司挺过了这艰难的五年，并推动了四友公司的发展！

在此，感谢四友所有的员工，感谢你们在重压之下，团结一致，尽各自最大努力帮助公司，逆水行舟，使公司有了重大的发展！

一审胜诉后，四友公司的发展开始进入快车道。2014年到2015年，美国迈图特种化学品公司宣布因不可抗力，停止向全球供应叔碳单体，四友公司成为该产品的全球唯一供应者。不过，四友公司并没有凭借垄断地位和市场产品短缺而疯狂涨价谋取暴利，反而价格不变，全力生产，平衡供应，与下游企业共渡难关，赢得了客户的信赖。四友公司不仅扩大了市场份额，还站稳了脚跟，并自此蒸蒸日上。

事件回顾

四友公司经历的这次化学攻防战，除专利侵权民事诉讼的主战场外，还有专利行政诉讼的第二战场。2011年12月1日，迈图公司针对天津四友公司的“叔碳酸缩水甘油酯的制备方法”专利，向专利复审委员会提出无效宣告请求。专利复审委员会于2012年5月9日进行口审。

2012年5月5日，孙兰波的父亲不幸逝世，定于5月9日进行遗体告别仪式，该日期刚好与口审时间冲突。事发突然，杨颖连忙和专利复审委员会联系，请求推迟口审时间。但是，专利复审委员会以迈图公司一方的行程无法更改为由拒绝，口审依旧在5月9日进行。万般无奈之下，本次口审只能由杨颖和廖晓荣参加，而对技术最熟悉的孙兰波没有出席。在无效程序中，天津四友公司遭遇失利，该专利于2012年5月21日被专利复审委员会宣告全部无效。[4]

2012年7月9日，迈图公司公布了两个新消息，并通过多种媒体广为传播：一是2012年6月15日江苏省高级人民法院驳回四友公司管辖权异议的请求；二是2012年5月21日专利复审委员会裁定天津四友公司生产新癸酸缩水甘油酯的专利无效。迈图公司提起专利无效的意图很明显，就是要佐证天津四友公司和四友公司自身并没有生产新癸酸缩水甘油酯的技术，其生产新癸酸缩水甘油酯的技术是使用了迈图公司的专利。

四友公司专利侵权案还没有开始的时候，自己的专利就先被无效了，情况异常严峻。当时孙兰波问杨颖，如果我们提起行政诉讼，改判的胜算有多少？杨颖想了想说百分之十以内。孙兰波坚定地说，那我们也要起诉，讨回公道。

可惜天不遂人愿，天津四友公司在北京市第一中级人民法院的一审行政诉讼程序中又遭遇失利，法院维持了专利复审委员会的决定。[5] 孙兰波又一次问杨颖，上诉改判的胜算有多少？杨颖说百分之一以下。孙兰波还是坚定地说，那我们也要上诉。

孙兰波亲历了行政诉讼一审，感觉很窝囊。虽然被告是专利复审委员会，但诉讼全程中主要是作为第三人的迈图公司的代理人在发表意见。迈图公司的代理人展现了高超的庭审技巧，天津四友公司只能被动应对，而主审法官并没有化学背景，一不小心就被带入“坑”里。

吃一堑长一智，孙兰波从这次失败中找到了制胜的法宝。此后不管哪个案子哪个阶段开庭，他都会用一张大工程图纸，将诉讼主张和证据全部彩色打印在上面，再用线条将逻辑关系表示出来，等到答辩时，一目了然地向法官介绍自己的诉讼主张和证据。这种方式在庭审中收到了很好的效果。

功夫不负有心人，2014年12月19日，北京市高级人民法院作出行政诉讼二审判决，撤销一审判决和专利复审委员会的决定，判令专利复审委员会重新作出决定。[6]

孙兰波事后总结，认为本案最终胜诉的原因主要有三个：（1）本案主审刘法官审理过众多化学领域的专利案件，经验丰富，充分控制了庭审节奏，给了双方充分阐述的机会。（2）杨颖邀请中国人民大学化学系张教授作为专家辅助人出庭，对技术事实进行了权威说明。（3）孙兰波做了彩色大图，将诉讼主张和证据一目了然地呈现在法官面前。

根据北京市高级人民法院的判决，专利复审委员会重新开庭审理本案。在经历了一次彩色大图展示的口审之后，专利复审委员会于2015年12月11日作出决定，维持天津四友公司的专利权有效。[7]

【案后余音】

历时五年多的专利侵权民事诉讼终于结束了。

2017年6月，经科技部批准，四友公司和天津四友公司联袂承担了“十三五”国家重点研发计划的课题，研究叔碳聚合物的制备及应用，四友公司又迎来了新的发展机遇。

2018年2月2日，孙兰波荣登中央电视台《创业英雄汇》栏目，演绎四友公司发展的精彩传奇，路演“叔碳解决方案”项目，获得抢投和满堂彩，并以2%的股权融资人民币1000万元，获得前所未有的成功。

2018年9月13日，美国迈图高新材料集团宣布，韩国KCC、Wonik、SJL组成的财团与其达成最终并购协议，该财团将以约31亿美元的价格收购美国迈图高新材料集团，并承担后者的债务、养老金以及OPEB负债。[8]

2018年12月22日，孙兰波荣膺“2018CCTV中国创业榜样”，工信部副部长王江平先生亲自为其颁奖，颁奖典礼通过CCTV-2向全国观众播放。

2019年3月26日，四友公司荣获“改革开放四十年中国涂料行业创新企业”称号，孙兰波荣膺“改革开放四十年中国涂料行业优秀企业家”称号。

2019年4月1日，瀚森公司通过美国特拉华州的破产法院申请破产重组。据称，该公司已经获得临时批准，可获得6亿美元的债务人持有融资，以偿还其基于资产的循环信贷额度。该融资与公司正在进行的业务产生的现金相结合，可满足瀚森公司在全球范围内的运营和重组需求。[9]

法律茶座：信任与业务开拓

律师事务所作为自主经营、自担风险的法律服务机构，拥有充足的案源无疑是其安身立命之本。在律师行业，那些能够为事务所带来大量案源与客户的律师被称为“造雨者”（Rainmaker），一般都是其事务所的合伙人。在律师行业，开拓业务的关键点至少有两个：一是让潜在的客户知道自己的存在；二是让客户对自己产生信任。

“信任关系具有下述性质：第一，时间差与不对称性。行动和兑现较之诺言和约定必然是滞后的。言与行，承诺与兑现之间存在着时间差，信任与被信任之间存在着某种不对称性。第二，不确定性。具备了确定性，就不存在风险与应对风险的这一特定方式了，也就不叫信任了。第三，由于没有足够的客观根据，信任属于主观的倾向和愿望。”[10]

根据社会学家的观点，信任可以分为“人品信任”和“能力信任”两种。人品信任主要来自对个人操守方面的信任；能力信任则来自对个人能力方面的一种认可。[11] 在双方信息不对称的情况下，信任的建立是一个艰难的过程。

根据消费者获取信息的方法，经济学家将产品分为搜寻品、经验品[12]和信任品[13]三种。对于搜寻品，消费者在购买前就可以通过简单的信息搜寻获知产品的质量信息；对于经验品，消费者只有通过使用才能确定产品的质量；而对于信任品，消费者即使曾经使用过也难以确定产品的质量。法律服务对很多客户来说，就是一种信任品。很多企业对法律服务的价值存在认识误区，对律师的专业能力和职业操守也缺乏了解，选择代理机构时难以摆脱盲目的色彩。在这种情况下，容易发生道德风险。道德风险是“在一个人，即所谓的代理人代表另一个人，为所谓的委托人完成一些工作时出现的问题。如果委托人不能完全监督代理人的行为，代理人就倾向于不会像委托人期望的那样努力。”[14]

有些律师会认为反正客户没有分辨能力，自己在代理业务时敷衍了事也没有多少风险。这就会给委托人带来这样一种印象：无论他选择哪个知识产权服务机构/代理人，所面临的风险都是一致的。为降低自己的风险，委托人就会选择价格最低的服务机构。于是，整个法律服务市场就变成了一个柠檬市场（次品市场），逆向选择占据了优势。次品将不太差的产品挤出市场，不太差的产品又将中档产品挤出市场，中档产品则将高档产品挤出市场，以此类推，最终不会有任何市场存在。[15]

信息不对称的另一个原因是中国社会从乡土社会向陌生人社会转变所带来的影响。在改革开放之前，中国社会属于传统型社会，也就是费孝通先生所说的“乡土中国”。“在传统社会，人们常年生活在封闭的村庄，村民之间彼此非常熟悉，欺骗行为很容易识别，人们之间的口头交流足以使任何欺骗行为广为人知。每个人的历史都存储在别人的脑海里，对欺骗行为的惩罚即使不能施加于欺骗者本人，也可以通过家庭成员而实现……因此，即使没有法律，村民之间也可以建立起高度的信任，欺骗行为很少发生。”[16] 在这样的环境下，服务机构如果在提供服务时存在不当行为，该行为很快就会在周边圈子传开。该机构在丧失了信誉之后，也就难以获得业务，结果就是会被逐出市场。

但是，现代社会属于“匿名社会”，“与乡村社会不同，居民的流动性大，交易双方通常并不认识，相互之间也缺少如乡村社会中存在的其他制约关系，使得受害人的惩罚措施受到很大限制；开放的社会也使得人们较不在乎闲言碎语的议论。凡此种种，使得传统的以个人为基础的信誉机制失灵。”[16] 此时服务机构即使存在不当行为，也不容易在其客户群体内形成有效的扩散，自然也就不会影响到该机构获取业务。另外，很多小企业需要的知识产权服务数量并不多，如有些企业往往只会申请一两件专利，只会遇到一两次诉讼，服务机构从事的是一锤子买卖，难免会倾向于在一次交易中获取更多的收益。

由于以个人为基础的信誉机制失灵，而社会法治体系还不完善，因此现阶段的中国社会不可避免地变成了一个相对低信任度的社会，面临较为严峻的社会信任危机。这种信任危机不可避免地影响到客户对律师的信任，从而严重制约了律师和律师事务所在业务拓展方面的努力。当然，随着国家信用体系的日益完善，社会整体信任度也会逐步提升。

在很多行业，大规模的广告宣传是提升知名度的常规手段。不管是报纸杂志、电视电影还是新媒体，广告无处不在。然而，基于法律行业的特点，律师行业的业务宣传受到严格限制。《律师执业行为规范》明确规定，律师和律师事务所不得采用一般商业广告的艺术夸张手段制作广告，不得进行可能让公众对律师产生不合理期望的宣传，不得自我声明或者暗示其被公认或者证明为某一专业领域的权威或专家。

在重重限制之下，律师和律师事务所常用的宣传手段包括发表文章、授课、普法、著书立说、参加研讨会等。在自媒体时代，微信公众号已经成为律师发表文章的重要载体之一。每当有热点案件出现时，来自各色人等的点评文章就纷纷涌现。当然，文章质量参差不齐，甚至还有不少文章是通过“复制”“粘贴”而成的。这样的文章一旦被发现，产生的恐怕完全是负面效果。2019年年初，某Z姓明星被爆出学位论文抄袭，其“学霸”人设彻底坍塌，博士学位也被撤销。律师如果有剽窃抄袭的黑历史，在关键时刻被人曝光，恐怕也会灰头土脸。

注释

1.参见山西省晋中市中级人民法院（2018）晋07民辖440号民事裁定书；辽宁省葫芦岛市中级人民法院（2019）辽14民辖2号指定管辖通知书。

2.参见上海市第一中级人民法院（2007）沪一中民五（知）初字第364号民事判决书；上海市高级人民法院（2013）沪高民三（知）终字第71号民事判决书；最高人民法院（2016）最高法民申3164号民事裁定书。

3.参见江苏省高级人民法院（2014）苏知民终字第0113号民事判决书。

4.参见专利复审委员会第18799号无效宣告决定书。

5.参见北京市第一中级人民法院（2012）一中知行初字第3501号行政判决书。

6.参见北京市高级人民法院（2014）高行终字第240号行政判决书。

7.参见专利复审委员会第27553号无效宣告决定书。

8.国化新材料："有机硅巨头迈图将被韩国KCC收购"，"有机硅"微信公众号，2018年9月14日。

9.中国复材展编译："美国瀚森向法院申请进入破产保护程序"，"中国国际复合材料展览会"微信公众号，2019年4月10日。

10.郑也夫：《信任论》，中国广播电视出版社2006年版，第18～19页。

11.彭泗清："关系与信任：中国人人际关系信任的一项本土研究"，引自郑也夫、彭泗清等著：《中国社会中的信任》，中国城市出版社2003年版，第7页。

12.Phillip Nelson. Information and Consumer Behavior. *Journal of Political Economy*, Vol. 78, No. 2 （Mar. – Apr., 1970）, pp.311–329.

13.Michael R. Darby and Edi Karni. *Journal of Law and Economics*, Vol. 16, No. 1（Apr., 1973）, pp.67–88.

14.曼昆:《经济学原理:微观经济学分册》(第五版),梁小民、梁砾译,北京大学出版社2009年版,第488页。

15.George A. Akerlof. The Market for "Lemons": Quality Uncertainty and the Market Mechanism, *The Quarterly Journal of Economics*, Vol. 84, No. 3 (Aug., 1970), pp.490.

16.张维迎:"法律制度的信誉基础",载《经济研究》2002年第1期,第8页。

附录1：化学名词与缩略语

BIA：内嵌醇，迈图公司主张的特征性杂质

Cardura®E10P/Cardura™E10P/Cardura E10P：迈图公司主张用专利方法生产的新癸酸缩水甘油酯产品

Cardura®E10P-EXP：迈图公司主张用现有技术生产的新癸酸缩水甘油酯产品

CH：新癸酸氯代醇酯，生成新癸酸缩水甘油酯的中间产品

Chemical Ionization（CI）：化学电离，反应气离子与试样分子通过电荷交换而离子化

ECH：环氧氯丙烷，涉案专利的反应原料

Electron Impact（EI）：电子轰击，采用高速电子束冲击样品，产生电子和分子离子

Gas Chromatography（GC）：气相色谱法

Intellectual Property（IP）：知识产权

IPA：异丙醇，涉案专利方法所使用的溶剂

IPGE：异丙基缩水甘油醚，迈图公司主张的特征性杂质

Mass Spectrometry（MS）：质谱分析法

Mole（mol）：摩尔，物质的量的单位

NaOH：氢氧化钠，常用的强碱

Shigena-10/Shigena-10P：四友公司生产的新癸酸缩水甘油酯产品

Tertiary Carbon：叔碳，有机物中直接与三个碳原子相连的碳原子

Versatic Acid：叔碳酸，与羧基相连的碳原子上带有2个支链的羧酸

Volatile Organic Compounds（VOCs）：挥发性有机化合物

附录2：案件重要时间节点

专利侵权案 一

2011-05-12
解决方案公司许可迈图公司使用涉案专利

2011-09-09
解决方案公司和迈图公司向苏州中院起诉并申请证据保全

2011-09-27
苏州中院正式受理本案

2011-11-15
苏州中院作出证据保全裁定

2011-11-24
苏州中院向四友公司送达诉讼文书并计划进行证据保全

2011-12-07
四友公司提起管辖权异议

2011-12-28
苏州中院驳回四友公司管辖权异议

2012-02-13
四友公司提起上诉

2012-06-15
江苏高院驳回四友公司上诉

2012-07-13
苏州中院第一次证据交换

2012-08-10
苏州中院第二次证据交换

2012-10-15
苏州中院第一次庭审

2013-03-26
苏州中院第二次庭审

2013-12-03
苏州中院第三次庭审

2013-12-20
苏州中院判决驳回原告诉讼请求

2014-01-17
迈图公司提起上诉

2014-02-07
解决方案公司提起上诉

2014-04-21
江苏高院受理上诉

2014-06-04
江苏高院第一次听证

2014-09-23
江苏高院就鉴定事项组织谈话

2015-03-31
江苏高院开庭审理

2017-04-11
江苏高院判决驳回上诉，维持原判

专利侵权案 一

后 记

本书的写作其实源自我和四友公司孙兰波董事长的一次约定。在本案的诉讼过程中，我们都觉得案情波谲云诡，并且涉及专利诉讼中的众多重要因素，如法院的选择、管辖权异议、技术鉴定、专家证人等。本案原被告双方为在诉讼中获胜，可以说是使尽了全部解数。以本案为例，可以较为充分地展现中国专利诉讼的实景，描绘出一幅以知识产权法官、律师和专利代理师为代表的知产精英众生相。为此，我们在判决结果还未出来之前就约定，不管案件最终胜败，都要将本案写作成书，将这个案件呈现在读者面前。

本案终审判决于2017年4月作出，但书籍的问世却又拖延了两年多的时间。究其原因，我的工作比较忙碌只是一个次要因素，最重要的应该是——能力不足。我虽然发表过不少专业论文，也承担过众多学术课题的研究工作，但写案件和写论文毕竟是两码事。本书的写作早在2015年就已经开始，但由于文稿质量实在不堪卒读，写了个开头之后就无以为继。在恶补了一段文学创作课程后，我悲哀地发现，自己实在缺乏成为作家的天分，故最终还是决定用平实的语言，将这个案件“原汁原味”地进行呈现。毕竟，真实的才是最美的。

本书能够最终完成，无疑离不开很多人的支持和帮助。代理这个案件可谓“赌上我一半的律师执业生涯”，在办案过程中，杨颖、韩强、李春晅等律师和我处于庭审第一线，在我们背后则有北京君策知识产权发展中心（简称君策中心）尹新天理事长、李艺虹副主任等资深专家提供强大的技术支持。

在本书写作过程中，我需要感谢万慧达知识产权首席合伙人、管委会成员白刚，合伙人、管委会成员黄晖，君策中心主任汪泽，副理事长曹中强，副主任许超、祁德山，理事崔学锋、孟禾等各位领导，是他们为我提供了宽松的工作环境和宝贵的经验指导，让我能够沉下心来专心写作。感谢父母将我带到这个世界，并把我养大成人，“养儿方知父母恩”，在写作过程中，也适逢我的孩子杨浩棋来到这个世界。浩棋小朋友的喜怒哀乐，控制了我目前生活的主要节奏。作为一名毫无经验的新手爸爸，我在孩子不停哭闹时常常会显得手足无措。我的岳母马燕女士和爱妻李佳静承担了照顾孩子的绝大部分重担，让我能够将主要精力放在工作上。我很是感激，也充满了愧疚。

本书的顺利出版，需要感谢四友公司的孙兰波董事长。他慷慨地为本书的出版提供了资助，更是在本书的众多细节方面进行了完善和润色。感谢俞寿云教授，为我精心绘制了新癸酸缩水甘油酯的结构式。当然，我同样需要感谢本书的责任编辑李陵书女士，她为这本书的顺利出版付出了极大的心血，体现了极大的责任心和专业精神。

杨敏锋

2019年12月